《应用型本科院校"十三五"规划教材》编委会

主　任	修朋月	竺培国		
副主任	王玉文	吕其诚	线恒录	李敬来
委　员	丁福庆	于长福	马志民	王庄严	王建华
	王德章	刘金祺	刘宝华	刘通学	刘福荣
	关晓冬	李云波	杨玉顺	吴知丰	张幸刚
	陈江波	林　艳	林文华	周方圆	姜思政
	庹　莉	韩毓洁	蔡柏岩	臧玉英	霍　琳
	杜　燕				

应用型本科院校"十三五"规划教材/思想政治教育类

发生在身边的故事

——思想道德修养与法律基础课辅助教材

主　编　商桂珍
副主编　陈　威　邵春凤　陆鹏飞

哈尔滨工业大学出版社
HARBIN INSTITUTE OF TECHNOLOGY PRESS

内 容 简 介

本书内容均来自哈尔滨华德学院及其学生的实际生活。全书共分为八篇：第一篇和第二篇主要介绍了学院的五大学生文化品牌以及学生近几年参加各类技能竞赛的获奖情况；第三篇和第四篇记述了学生进行创新活动和参加社会实践活动的收获和体会；第五篇、第六篇和第七篇从不同角度讲述了学院的部分三好班级标兵、优秀学生和优秀毕业生的故事；第八篇剖析了学生中发生的一些违规违纪典型事例。

本书可以作为普通高校思想道德修养与法律基础课的辅助教材。

图书在版编目(CIP)数据

发生在身边的故事：思想道德修养与法律基础课辅助教材/商桂珍主编. —哈尔滨：哈尔滨工业大学出版社，2019.8

应用型本科院校"十三五"规划教材

ISBN 978-7-5603-8343-9

Ⅰ.①发… Ⅱ.①商… Ⅲ.①思想修养—高等学校—教学参考资料 ②法律—中国—高等学校—教学参考资料 Ⅳ.①G641.6 ②D920.4

中国版本图书馆 CIP 数据核字(2019)第 125104 号

策划编辑　杜　燕
责任编辑　马　媛
出版发行　哈尔滨工业大学出版社
社　　址　哈尔滨市南岗区复华四道街10号　邮编150006
传　　真　0451-86414749
网　　址　http://hitpress.hit.edu.cn
印　　刷　哈尔滨市工大节能印刷厂
开　　本　787mm×960mm　1/16　印张9.75　插页2　字数173千字
版　　次　2019年8月第1版　2019年8月第1次印刷
书　　号　ISBN 978-7-5603-8343-9
定　　价　24.80元

(如因印装质量问题影响阅读，我社负责调换)

总 序

哈尔滨工业大学出版社策划的《应用型本科院校"十三五"规划教材》即将付梓,诚可贺也。

该系列教材卷帙浩繁,凡百余种,涉及众多学科门类,定位准确,内容新颖,体系完整,实用性强,突出实践能力培养。不仅便于教师教学和学生学习,而且满足就业市场对应用型人才的迫切需求。

应用型本科院校的人才培养目标是面对现代社会生产、建设、管理、服务等一线岗位,培养能直接从事实际工作、解决具体问题、维持工作有效运行的高等应用型人才。应用型本科与研究型本科和高职高专院校在人才培养上有着明显的区别,其培养的人才特征是:①就业导向与社会需求高度吻合;②扎实的理论基础和过硬的实践能力紧密结合;③具备良好的人文素质和科学技术素质;④富于面对职业应用的创新精神。因此,应用型本科院校只有着力培养"进入角色快、业务水平高、动手能力强、综合素质好"的人才,才能在激烈的就业市场竞争中站稳脚跟。

目前国内应用型本科院校所采用的教材往往只是对理论性较强的本科院校教材的简单删减,针对性、应用性不够突出,因材施教的目的难以达到。因此亟须既有一定的理论深度又注重实践能力培养的系列教材,以满足应用型本科院校教学目标、培养方向和办学特色的需要。

哈尔滨工业大学出版社出版的《应用型本科院校"十三五"规划教材》,在选题设计思路上认真贯彻教育部关于培养适应地方、区域经济和社会发展需要的"本科应用型高级专门人才"精神,根据前黑龙江省委书记吉炳轩同志提出的关于加强应用型本科院校建设的意见,在应用型本科试点院校成功经验总结的基础上,特邀请黑龙江省9所知名的应用型本科院校的专家、学者联合编写。

本系列教材突出与办学定位、教学目标的一致性和适应性,既严格遵照学科体系的知识构成和教材编写的一般规律，又针对应用型本科人才培养目标及与之相适应的教学特点，精心设计写作体例，科学安排知识内容，围绕应用讲授理论，做到"基础知识够用、实践技能实用、专业理论管用"。同时注意适当融入新理论、新技术、新工艺、新成果，并且制作了与本书配套的PPT多媒体教学课件，形成立体化教材，供教师参考使用。

《应用型本科院校"十三五"规划教材》的编辑出版，是适应"科教兴国"战略对复合型、应用型人才的需求，是推动相对滞后的应用型本科院校教材建设的一种有益尝试，在应用型创新人才培养方面是一件具有开创意义的工作，为应用型人才的培养提供了及时、可靠、坚实的保证。

希望本系列教材在使用过程中，通过编者、作者和读者的共同努力，厚积薄发、推陈出新、细上加细、精益求精，不断丰富、不断完善、不断创新，力争成为同类教材中的精品。

序

  让大学生在党和国家制定的教育方针指引下健康地成长，成为对民族振兴和社会进步有用的人才，是学校教师、管理人员始终应承担的职责。为了引导广大大学生树立正确的世界观、人生观、价值观，教育部组织众多的专家编写了具有新时代特征的思想政治理论课教材，对大学生进行系统而完整的教育。但是，如何提高学习的实效，让课程的观点、方法入脑入心，却需要各个学校、各位教师认真地研究。

  华德学院以学生为本，深化教学改革，敢于创新，结合学院和学生的实际，把学院成长发展中形成的办学理念、校风学风、育人的优势等方面的素材加以总结提炼，形成了这本《发生在身边的故事——思想道德修养与法律基础课辅助教材》。这本书所选的内容来自学院、来自学生，都是我们见证过的事例，无论是学院的品牌，还是优秀学生、先进班级的事迹，以及创新人才的涌现，都发生在我们身边。而一些教训，令人扼腕叹息，希望同学们能引以为戒。

  作者为编撰本书花费了大量的精力，他们为了取得好的教学效果，为了学生的成长，千方百计完成了这本教材的资料收集及整理编撰工作，许多职能部门也积极支持配合他们的工作，大家为了一个共同的目标而努力。我们希望同学们在学习思想政治理论课程的同时，抽点时间认真阅读这本辅助教材，它没有深奥的理论、枯燥的说教，而以我们身边的事例为主，因而具有很高的可读性。我们也欢迎同学们不断总结好的经验、好的范例，为教材补充新的内容。

  同学们要珍惜大学时光，做好成长进步的规划，目标明确，锲而不舍，一定会成为受社会欢迎的人才。

竺培国

前　言

马克思主义思想政治理论课是高校思想政治工作的主渠道,要发挥好它的作用。实践证明,理论教育必须要与学生的思想实际、素质实际相结合,而这种结合还必须依据教育对象的特点,因人制宜、有的放矢;仅靠理论说教、典型案例的讲解,学生觉得高不可攀、离得太远,解决不了问题。我们在思想政治理论课,尤其是在"思想道德修养与法律基础"课教学中,结合教材,以学生身边发生的事情作为事例进行教学,同学们感到亲切、可信、可学、可行,收到了较好的效果,因此激发了我们编写这本辅助教材的热情。

我们华德学院建院 23 年来,在学院理事会和顾德库校长的领导下,在艰辛探索中,形成了"侧重个性培养,全员成才教育"的育人理念,营造了整体育人的氛围。全院师生经努力,打造出了五大学生文化品牌;涌现出了一批围绕专业开展科技创新,在省、市,乃至全国竞赛中获得优异成绩的团队;出现了一批思想上积极向上、团结互助、学习努力、成绩优良的三好班级标兵;成长起了一批励志奋发、自强不息、刻苦勤奋、无私奉献的优秀学生。本书把学院的五大品牌、同学们参加各类技能竞赛获奖的情况、实践创新团队的创新活动及心得体会、学生参加社会调查和志愿服务的社会实践活动纪实和收获、三好班级标兵和优秀学生的故事、为母校增光的优秀校友分别以"品牌创新篇""科技成果篇""实践创新篇""社会实践篇""优秀班级篇""优秀个人篇""优秀校友篇"的形式进行展现,以激发同学们奋发向上、积极进取的热情,刻苦学习、勇于实践创新、努力成才的决心。同时,对我们同学中发生的一些违纪的典型事例以"警示篇"的形式进行剖析,以起到警示学生的作用,从而提高思想政治理论课教学的吸引力、说服力、感召力,发挥好思想政治工作主渠道的作用。

顾德库校长和竺培国副院长对我们这本辅助教材给予了直接的指导,为了增强辅助教材的效果,顾校长特将他为品牌和各类赛事写的诗词提供给我们(这些诗词附在相应的文章后,以飨读者),竺副院长为本书写了序。

本书由华德学院思想政治理论课教师集体编写,其中,商桂珍编写了"品牌创新篇""实践创新篇""社会实践篇";陈威编写了"科技成果篇""优秀校友篇";邵春凤编写了"优秀班级篇""警示篇";陆鹏飞编写了"优秀个人篇"。全书由商桂珍统稿。本书在"思想道德修养与法律基础"课中使用后,得到同学们普遍的好评,收到了较好的教学效果。

本书在编写过程中,得到了院、部领导的指导,得到了学院学生工作处、团委、评估办、宣传处、保卫处及各系负责学生工作的老师和辅导员的大力支持和帮助,在此,一并表示衷心的感谢。

由于我们水平有限,本辅助教材一定存在不足与缺陷,望广大读者给予批评与指正。

编 者

2019 年 7 月

目 录

第一篇　品牌创新篇……………………………………………………………… 1

第二篇　科技成果篇……………………………………………………………… 11

第三篇　实践创新篇……………………………………………………………… 29

第四篇　社会实践篇……………………………………………………………… 55

第五篇　优秀班级篇……………………………………………………………… 75

第六篇　优秀个人篇……………………………………………………………… 95

第七篇　优秀校友篇……………………………………………………………… 123

第八篇　警示篇…………………………………………………………………… 141

第一篇 品牌创新篇

良好的品牌形象展现了华德学院的办学特色。在学院领导、教职员工的支持和鼓励及广大同学的热情踊跃参与下，我院创建了五大学生文化品牌，即"课前五分钟演讲""华德霓裳""华德雪艺""升国旗资格状""华德创造"。"课前五分钟演讲"已成为学生进行自我教育的主阵地；"升国旗资格状"活动已成为弘扬爱国主义精神、表彰先进的荣誉台；"华德霓裳""华德雪艺""华德创造"已成为锻炼学生理论和实践相结合的能力、提高学生综合素质的平台。五大学生文化品牌将学生的兴趣、爱好引导到专业学习和创新活动中去，成为和教风、学风、院风建设凝结在一起的校园文化载体，从而对学生精神、心灵和性格的塑造，对挖掘学生的潜能、拓展学生的视野，对学生就业、创业产生重要的影响。

1. 课前五分钟演讲

"课前五分钟演讲"是指每天早晨上课前利用5分钟的自习时间,按照每个班级学生的学号由一人上台演讲的活动。当今社会需要综合能力强的人才,而语言及文字表达能力是综合能力中极其重要、不可或缺的一项能力。依据社会对复合型人才的需要,顾德库校长在建校之初就倡导开展"课前五分钟演讲"。学生查找资料,精心准备,针对大学新生如何适应大学生活、如何处理同学关系、怎样践行社会主义核心价值观、如何爱国、如何为实现中国梦而努力等内容发表演讲。23年来,该活动达到100%的学生参与率,具备了正规、严格的监督考核体系和完善的激励机制,已成为学生进行自我教育的主阵地。这一活动不仅锻炼了学生的语言表达能力,同时也开阔了学生视野,增长了学生的胆量和见识,更成为学生进行自我启发、自我教育的好平台。越来越多的学生在"课前五分钟演讲"活动中锻炼、成长,并在各类演讲比赛中取得突出成绩。在2005～2006年度的哈尔滨工业大学共青团学生活动品牌认证工作中得到了与会专家的一致认可,被评为A级品牌;在2006年全市开展的以"弘扬'一二·九'运动精神,誓做新时代青年"为主题的演讲比赛中,我校代表队取得大学生团体总分第一名的好成绩。2010年6月,在国家广电总局关心下一代工作委员会举办的中国青少年"星星火炬杯"朗诵大赛中,张熇、李予抒、周长虹、韩晓雨分别获得金奖;曲广庭、孙涛分别获得银奖;学校获得优秀组织奖。2011年6月,在省高校工委、省教育厅、团省委举办的黑龙江省庆祝建党九十周年演讲比赛中,韩晓雨同学获得三等奖。2012年6月,在中国电视音乐家协会、中国教育家交流协会、黑龙江省青少年文化艺术教育活动中心举办的星光盛典全国青少年才艺展示盛会黑龙江赛区选拔活动中,李永阳、江振超同学获得个人朗诵组金奖;杨冰怡、徐宏亮同学获得个人朗诵组银奖。2013年12月,在中共黑龙江省委宣传部、黑龙江省教育厅举办的"青春中国,我的中国梦"主题演讲比赛中周建达同学获得第一名。2013年12月,在中共黑龙江省委宣传部、黑龙江省教育厅举办的"纪念12·9,青春中国梦"主题朗诵比赛中,于天澔、张鑫、纪广祥、李永阳、姜志超获得第二名。2014年12月,在中共黑龙江省委宣传部、黑龙江省教育厅举办的"践行社会主义核心价值观,传递青春正能量"主题演讲比赛中,周建达同学获得第二名。

2. 华德霓裳

"华德霓裳"是学院服装设计与工艺系学生在每年的课程设计、毕业设计等实践教学环节中，自行设计、制作极具特色的精美服饰，并由训练有素、演出经验丰富的"梦故事"学生模特队，通过大型服装专场表演对服饰进行展示与诠释的活动的统称。它诞生于2001年。2001年以前，学院其他系学生在毕业时都会以各种形式在全院师生面前汇报展示他们的毕业设计作品，而服装设计与工艺系的学生却只能"纸上谈兵"，无法直观地将毕业设计作品展示给师生。顾德库校长便提议让学生们自己设计、制作成衣，并举行毕业汇报演出。于是，服装设计与工艺系99级学生便在毕业前做了第一次尝试。同学们自行设计、制作极具特色的精美服饰，并组建了一支名为"梦故事"的学生模特队，在老师的指导下，通过服装表演的形式将所制作的毕业设计作品进行展示，收到了极好的效果。2003年作为学院的学生活动品牌，"华德霓裳"正式在哈工大校团委注册，"华德霓裳"品牌在2006～2007年度的哈尔滨工业大学共青团学生活动品牌认证工作中得到了与会专家的一致认可，被评为A级品牌。经过几年的发展与历练，如今"华德霓裳"已成为塑造学院形象、发扬学院精神、落实学院办学理念的窗口，不但在学院的专场表演中取得了巨大成功，而且同学们的设计作品多次在国家和我省的大型赛事上获奖，在社会上享有一定的声誉，受到中央电视台、哈尔滨电视台、哈工大电视台以及《黑龙江画报》《生活报》《黑龙江晨报》等媒体的关注和报道。

七律·01级服装班毕业设计汇报演出即席祝贺

顾德库

又是仲夏落霞时,学子新装展丰姿。
融合百家百蝶舞,古韵今韵恋奇思。
红紫随心旋风暴,假日黎明现情致。
离校何须淡淡愁,绿野巾帼好吟诗。

二〇〇四年六月

注:01级服装班37名学生进行毕业设计。自行设计、自行制作37个主题作品,每个主题有5~6套服装。从99级毕业班开始,毕业设计作品要做表演汇报。顾校长在市区开完会后匆匆赶回参加活动。学生模特队表演如彩蝶飞舞,很好地演绎了作品主题。从节目单中选取利于对仗押韵之题目入诗,即席表达心情。此诗中涉及15个主题作品的名称:《丰姿》《融合》《春舞》《古韵》《水晶之恋》《思》《红》《紫色心情》《随心所动》《红色风暴》《假日广场》《黑土情》《黎明破晓之间》《绿野仙踪》《巾帼英雄》。

服装设计与工艺系"流光 E 彩"展即席

顾德库

五月迎庆节日频,服装展览硕果醇。

流光忆彩十一载,流光异彩耳目新。

流光艺彩成技艺,流光衣彩式琅琳。

流光溢彩多佳绩,流光逸彩鹤入云。

二〇一〇年五月十七日

3. 华德雪艺

"华德雪艺"是指由艺术系学生组成的学生团体,以华德精神为灵魂,以艺术系专业发展方向为背景,以日益兴起的黑龙江省冰雪文化为展示场所,以丰富的学生活动、各类冰雪雕比赛为载体而创建的学生文化活动品牌。

学院艺术系师生首次参加省市雪雕大赛,就取得了多项荣誉。2005 年年末,顾德库校长要求艺术系师生进行认真总结与思考,并抓住时机成立了"华德学院大学生冰雪艺术中心"。该中心的成立得到了全国知名艺术界专家的关注与支持,标志着"华德雪艺"学生文化品牌正式诞生。在艺术系老师的专业指导下,在品牌筹建、发展的几年中,"华德雪艺"取得了一系列喜人成绩。2004 年,在第二届黑龙江省大学生冰雕比赛中,我校学生的作品《远古之路》获得全场特别奖。同年,在哈尔滨市第五届大学生雪雕比赛中,作品《万众一心》获得银奖。2005 年,在第六届大学生雪雕比赛中,我院学生作品《欧若拉女神》获得金奖,其他作品也分别获得大赛银奖、铜奖。2005 年在第六届黑龙江省雪雕比赛中,学生作品《众志成城》获得银奖,其他作品分别获得大赛优秀奖、纪念奖。同年,在黑龙江省第三届大学生冰雕比赛中学生作品《梦回天堂》获得铜奖。此后的几年中,"华德雪艺"队在各类国家级、省级大赛中多次取得金奖、第一名的好成绩。2009 年 1 月,"华德雪艺"队代表中国参加第十四届中国·哈尔滨太阳岛国际雪雕比赛,作品《勇气》一举夺得大赛银奖。2010 年 1 月,第十五届中国·哈尔滨太阳岛国际雪雕比赛中国三队("华德雪艺"队)的作品《未来力量》蟾宫折桂,夺得一等奖。据了解,这是哈尔滨举办国际雪雕比赛 15 届以来,中国队首次获得一等奖。2010 年至

2014年12月,同学们在各类国际、国家级、省级雪雕和冰雕艺术设计大赛中又多次取得金奖、第一名的好成绩。成绩的取得不但说明该品牌已成功实现了教学、学生综合素质培养和学生活动的有机统一,而且也彰显出该品牌所蕴含的独特艺术魅力和无穷的生命力。

忆吹箫·贺第六届黑龙江省雪雕比赛华德雪艺队获奖

顾德库

莫道冬暖,说说冷了,周天真个寒妆。

雪艺邀专访,晴好斜阳,玉宇琼楼霄汉,

银凤美,振翅高翔。

千姿巧,人能剪水,岛是仙乡。

学廊,创新竞技,灵慧各张扬。

动感春芳。

众志华德唱,自信谁强?

呵雾成霜不苦,刀做铲,剔透圆方。

佳音到,荣膺亚军,再整征装。

二〇〇五年十二月

4. 升国旗资格状

"升国旗资格状"是指在周一和重大节日的升旗仪式上,由院领导经过遴选,为在某一方面取得突出成绩或做出突出贡献的升旗手(包括学生、教职员工)颁发学院特别制作的荣誉证书"升国旗资格状"的活动。该活动于2003年由顾德库校长倡议发起,经过10多年的发展,已成为学院进行爱国主义教育、价值观教育的励志平台,成为学风院风、大学精神文化展示的平台,成为表彰那些始终坚持传承、践行华德精神的优秀师生员工的荣誉平台。据不完全统计,该品牌活动举办以来,已为1 000余名师生员工颁发了"升国旗资格状"。"升国旗资格状"活动,已成为激励全院师生员工不断进取、创优争先的动力。

5. 华德创造

"华德创造"是指学生在各类大赛和科技节中设计制作的各类作品的统称。此品牌活动是继"华德霓裳""华德雪艺"后,围绕教学开展学生活动的又一实践创新活动。这一活动,是依据学院的工科优势和应用型人才培养的定位,为举办华德学院科技节系列活动和定期开展科技作品展示活动而创建的。这一活动,以专业竞赛为抓手,以学生科技节为载体,在学院各级领导的有力支持和专业教师的具体指导、各分院学生创新小组积极的参与下,得到健康发展。近5年来,在全国三维数字化创新设计大赛、全国模拟设计网络大赛、"飞思卡尔"杯智能汽车竞赛、"毕昇杯"全国电子创新设计竞赛、"龙江杯"大学生先进制图技术与技能大赛、"高教杯"全国大学生先进成图技术与产品信息建模创新大赛等赛事中,我校学生多次取得一、二等奖和金奖、银奖等佳绩。"华德创造"品牌活动的开展,有力地推动了学生的实践创新活动,既调动了学生的专业学习兴趣,又培养和锻炼了学生的实践创新能力,成为又一个提高学生理论和实践相结合的能力、提高学生综合素质的有效平台。

第二篇 科技成果篇

我院作为应用型高校,更注重学生动手能力的培养。建院19年来,坚持理论与实践、学习与应用相结合的原则,重视、鼓励学生参加各类专业竞赛,通过各类比赛,充分发挥学生的主观能动性和创造性,达到检验教学效果、提高学生专业能力的目的。近年来(自2012年至2014年),在教师指导下,同学们在省级、国家及国际各类专业技能比赛中获得了600余项奖项。在与国内一些名校学生同台竞赛时,我们的学生并不比他们差,多次取得一、二等奖和金奖、银奖等佳绩。不但为学院争得了荣誉,而且也大大地激励了同学们奋发向上的进取精神。我们坚信"三表"学生也会有其优势,特别是在经过实践动手能力、应用能力等方面的锻炼后,其可以显露出自身的特长。

学生参加各类技能竞赛的获奖情况汇总表(2012.1~2014.12)如下:

学生参加各类技能竞赛获奖情况汇总表（2012年1月至2014年12月）

序号	奖项	获奖学生	获奖名次	授予单位	获奖时间	获奖级别
1	东三省数学建模竞赛	何泳力、杨文文、李晓雷	东三省二等奖	东北三省数学建模联赛组委会	2012.1	地区级
2	第四届国际大学生雪雕大赛	张同宇、吕越、赵海峰、赵俊毅	二等奖	第四届国际大学生雪雕大赛组委会	2012.1	国际级
3	第十七届太阳岛国际雪雕比赛	邹存亮、孟献国、纪云龙、冷雪峰	优秀奖	太阳岛国际雪雕艺术博览会组委会	2012.1	国际级
4	第十八届全国雪雕比赛	邹存亮、陈玉书、纪云龙	一等奖	太阳岛国际雪雕艺术博览会、全国雪雕比赛组织委员会	2012.1	国家级
5	全国大学生数学建模竞赛	何泳力、杨文文、李晓雷	黑龙江赛区一等奖	黑龙江省教育厅、中国工业与应用数学学会	2012.1	省级
6	全国大学生数学建模竞赛	崔绍进、孔幸达、潘新超	黑龙江赛区二等奖	黑龙江省教育厅、中国工业与应用数学学会	2012.1	省级
7	第三届"蓝桥杯"全国软件大赛预赛黑龙江赛区	王岚	一等奖	全国软件人才设计与创业大赛组委会	2012.4	国家级
8	第三届"蓝桥杯"全国软件大赛预赛黑龙江赛区	伊强	一等奖	全国软件人才设计与创业大赛组委会	2012.4	国家级
9	第三届"蓝桥杯"全国软件大赛预赛黑龙江赛区	姜远飞	一等奖	全国软件人才设计与创业大赛组委会	2012.4	国家级
10	第三届"蓝桥杯"全国软件大赛预赛黑龙江赛区	时广华	二等奖	全国软件人才设计与创业大赛组委会	2012.4	国家级

续表

序号	奖项	获奖学生	获奖名次	授予单位	获奖时间	获奖级别
11	第三届"蓝桥杯"全国软件大赛预赛黑龙江赛区	赵鸿超	二等奖	全国软件人才设计与创业大赛组委会	2012.4	国家级
12	2012ACM-ICPC全国大学生程序设计邀请赛(长春)	姜远飞、冯明超、陈祖涛	优胜奖	ACM-ICPC中国区竞赛委员会	2012.4	国家级
13	第三届"蓝桥杯"全国软件大赛决赛	王岚	三等奖	全国软件人才设计与创业大赛组委会	2012.5	国家级
14	第三届"蓝桥杯"全国软件大赛决赛	姜远飞	三等奖	全国软件人才设计与创业大赛组委会	2012.5	国家级
15	第三届"蓝桥杯"全国软件大赛决赛	伊强	优秀奖	全国软件人才设计与创业大赛组委会	2012.5	国家级
16	ACM-ICPC中国黑龙江省第七届大学生程序设计竞赛	王岚、伊强、陈祖涛	二等奖	黑龙江省计算机学会ACM-ICPC中国黑龙江省第七届大学生程序设计竞赛组委会	2012.5	省级
17	2012年"毕昇Rigol杯"全国电子创新设计大赛	侯帅成、孙悦、姜生辉、潘瑶器	一等奖	"毕昇Rigol杯"全国电子创新设计大赛组委会	2012.6	国家级
18	2012年"毕昇Rigol杯"全国电子创新设计大赛	朱经纬、丁淼	一等奖	"毕昇Rigol杯"全国电子创新设计大赛组委会	2012.6	国家级
19	H3C全国大学生网络技术大赛	刘作宇、张明星	优胜奖	H3C全国大学生网络技术大赛组委会	2012.6	国家级

续表

序号	奖项	获奖学生	获奖名次	授予单位	获奖时间	获奖级别
20	第八届全国大学生"用友杯"沙盘模拟经营大赛黑龙江省总决赛	郭锐、张喜凤、刘欢欢、陈健、武健梅	二等奖	高等学校国家级实验教学示范中心联席会	2012.6	省级
21	第八届全国大学生"用友杯"沙盘模拟经营大赛黑龙江省总决赛	丁秀雅、何凯、杨朔、周露、宋云展	二等奖	高等学校国家级实验教学示范中心联席会	2012.6	省级
22	第八届"挑战杯"黑龙江省大学生创业计划竞赛	刘野、陶冬、马莹、陈欣丽、张瑞楠	铜奖	黑龙江省团委、黑龙江省教育厅、黑龙江省科学技术协会	2012.6	省级
23	全国大学生"飞思卡尔"智能汽车竞赛	高宁、孙策、尤燕飞	东北赛区二等奖	教育部	2012.7	地区级
24	全国大学生"飞思卡尔"智能汽车竞赛	高强、夏来旖、高东	东北赛区一等奖	教育部	2012.7	地区级
25	全国大学生"飞思卡尔"智能汽车竞赛	付晓阳、陈文龙、蔡贵宾	东北赛区二等奖	教育部	2012.7	地区级
26	全国大学生"飞思卡尔"智能汽车竞赛	张万园、程安民、张晨	东北赛区二等奖	教育部	2012.7	地区级
27	第四届黑龙江省"龙江杯"大学生先进制图技术竞赛	肖非武	一等奖	黑龙江省工程图学学会	2012.7	省级
28	第四届黑龙江省"龙江杯"大学生先进制图技术竞赛	李永	二等奖	黑龙江省工程图学学会	2012.7	省级
29	第四届黑龙江省"龙江杯"大学生先进制图技术竞赛	闫功震	二等奖	黑龙江省工程图学学会	2012.7	省级

续表

序号	奖项	获奖学生	获奖名次	授予单位	获奖时间	获奖级别
30	第四届黑龙江省"龙江杯"大学生先进制图技术竞赛	陈永军	一等奖	黑龙江省工程图学学会	2012.7	省级
31	第四届黑龙江省"龙江杯"大学生先进制图技术竞赛	李东旭	一等奖	黑龙江省工程图学学会	2012.7	省级
32	第四届黑龙江省"龙江杯"大学生先进制图技术竞赛	陈永军、李永、闫功震、肖非武、李东旭	团体二等奖	黑龙江省工程图学学会	2012.7	省级
33	第三届"GSSP（金曦奖）设计大赛	何佳宝	创新印象艺术奖	"GSSP（金曦奖）设计大赛组委会	2012.8	国家级
34	第三届"GSSP（金曦奖）设计大赛	张威	入围优秀设计作品奖	"GSSP（金曦奖）设计大赛组委会	2012.8	国家级
35	葫芦岛兴城"波尼士"泳装陈列设计大赛	李冠群、张浩鹏、刘斯琪、张涵、王晓琳	最佳创意奖	中国服装设计师协会	2012.8	国家级
36	全国大学生"飞思卡尔"杯智能汽车竞赛	高宁、孙策、尤燕飞	国家二等奖	教育部	2012.8	国家级
37	"国信长天杯"全国电子专业人才设计与技能大赛	刘佳	二等奖	工业信息化部人才交流中心	2012.8	省级
38	"国信长天杯"全国电子专业人才设计与技能大赛	史敬亚	一等奖	工业信息化部人才交流中心	2012.8	省级

续表

序号	奖项	获奖学生	获奖名次	授予单位	获奖时间	获奖级别
39	"国信长天杯"全国电子专业人才设计与技能大赛	宋涛	一等奖	工业信息化部人才交流中心	2012.8	省级
40	"国信长天杯"全国电子专业人才设计与技能大赛	崔殿川	二等奖	工业信息化部人才交流中心	2012.8	省级
41	"国信长天杯"全国电子专业人才设计与技能大赛	熊培华	二等奖	工业信息化部人才交流中心	2012.8	省级
42	黑龙江省大学生电子设计竞赛	刘洋、付晓阳、曲词	一等奖	黑龙江省教育厅	2012.8	省级
43	黑龙江省大学生电子设计竞赛	苏德恒、申鹏、关明亮	一等奖	黑龙江省教育厅	2012.8	省级
44	黑龙江省大学生电子设计竞赛	周大超、吴磊、张晶鑫	二等奖	黑龙江省教育厅	2012.8	省级
45	黑龙江省大学生电子设计竞赛	纪涛、张路路、董喜林	二等奖	黑龙江省教育厅	2012.8	省级
46	黑龙江省大学生电子设计竞赛	高宁、孙策、尤燕飞	二等奖	黑龙江省教育厅	2012.8	省级
47	第五届认证杯数学中国数学建模网络挑战赛	何泳力、马博宇、刘阳	全国比赛第一阶段一等奖	内蒙古自治区数学学会全球数学建模能力认证中心	2012.9	国家级
48	2012ACM-ICPC亚洲区域（天津）大学生程序设计竞赛	王岚、姜远飞、陈祖涛	优胜奖	ACM-ICPC亚洲区域竞赛组委会	2012.10	国际级
49	全国三维数字化创新设计大赛	耿志伟、董博伦、郑赫男、杨金豹	一等奖	国家制造业信息化培训中心	2012.10	省级

续表

序号	奖项	获奖学生	获奖名次	授予单位	获奖时间	获奖级别
50	全国三维数字化创新设计大赛	黄鑫、姜艳文、秦亮、魏娜娜	二等奖	国家制造业信息化培训中心	2012.10	省级
51	"国信长天杯"全国电子专业人才设计与技能大赛	宋涛	二等奖	工业信息化部人才交流中心	2012.11	国家级
52	全国大学生电子商务"创新、创业、创意"挑战赛	刘野、闫金丽、马莹、吕盼盼、李浩泽	东北赛区二等奖	中国电子商务协会	2012.12	地区级
53	第六届全国大学生会计信息化技能大赛	任利达、姜海兰、程祺、吕婷婷、张博	优秀奖	黑龙江省教育厅高教处	2012.12	国家级
54	第十九届全国雪雕比赛	冷雪峰、赵近达、相磊、付明	二等奖	太阳岛国际雪雕艺术博览会组委会、全国雪雕比赛组织委员会	2012.12	国家级
55	第七届全国大学生冰雕比赛	张同宇、王百川、冷雪峰、纪云龙	银奖	黑龙江省文化厅、黑龙江省艺术界联合会、中国·哈尔滨国际冰雪节组织委员会、黑龙江省艺术设计协会、哈尔滨冰灯艺术博览中心	2012.12	国家级
56	全国大学生电子商务"创新、创业、创意"挑战赛	刘野、闫金丽、马莹、吕盼盼、李浩泽	国家三等奖	中国电子商务协会	2012.12	国家级
57	第六届全国大学生会计信息化技能大赛	李双霞、王镐、孙婷、王夯	三等奖	黑龙江省教育厅高教处	2012.12	省级
58	第十三届黑龙江省雪雕比赛	田鹏、付明、赵近达、相磊	金奖	太阳岛国际雪雕艺术博览会组委会、黑龙江省雪雕比赛组织委员会	2012.12	省级

续表

序号	奖项	获奖学生	获奖名次	授予单位	获奖时间	获奖级别
59	第十三届黑龙江省雪雕比赛	冷雪峰、纪云龙、陈荣欣、陈玉书	最佳创意奖	太阳岛国际雪雕艺术博览会委员会、黑龙江省雪雕比赛组织委员会	2012.12	省级
60	黑龙江省第四届计算机应用作品竞赛	伊强、杨格蒙、庞亭亭	二等奖	黑龙江省计算机学会、ACM－ICPC组委会	2012.12	省级
61	太阳岛第十八届国际雪雕比赛	朱思宇、王雨生	优秀奖	中国·哈尔滨国际冰雪节组织委员会、中国·哈尔滨太阳岛国际雪雕比赛组织委员会	2013.1	国际级
62	哈工程第五届国际大学生雪雕比赛	赵俊义、赵海峰	优秀奖	国际大学生雪雕大赛组委会	2013.1	国际级
63	2013ACM－ICPC中国黑龙江省第八届大学生程序设计竞赛	梁泰、王子驰、李惠富	优胜奖	ACM－ICPC中国东北地区竞赛指导委员会	2013.5	省级
64	第三届"龙建杯"校园科技（工程）文化系列大赛	张震雷、周兴、杨林	二等奖	黑龙江省公路学会	2013.5	省级
65	黑龙江省建筑土木工程技能大赛	张振雷	二等奖	省教育厅、省公路学会	2013.5	省级
66	2013ACM－ICPC中国黑龙江省第八届大学生程序设计竞赛	张舰、周健、张亚男	三等奖	ACM－ICPC中国东北地区竞赛指导委员会	2013.5	省级
67	2013ACM－ICPC中国东北第七届大学生程序设计竞赛暨2013中俄大学生对抗赛	王岚、伊强、陈祖涛	三等奖	ACM－ICPC中国东北地区竞赛委员会、中国及俄罗斯远东地区20所高校联盟	2013.6	地区级
68	2013年第八届"毕昇杯"全国电子创新设计竞赛	朱经纬、朱英武、张建军	一等奖	2013年第八届"毕昇杯"全国电子创新设计竞赛组委会	2013.6	国家级

续表

序号	奖项	获奖学生	获奖名次	授予单位	获奖时间	获奖级别
69	2013年第八届"毕昇杯"全国电子创新设计竞赛	史敬亚、秦昌磊、马明征	一等奖	2013年第八届"毕昇杯"全国电子创新设计竞赛组委会	2013.6	国家级
70	2013年第八届"毕昇杯"全国电子创新设计竞赛	孙策、王诗雨、黄晓微	一等奖	2013年第八届"毕昇杯"全国电子创新设计竞赛组委会	2013.6	国家级
71	第九届中国黑龙江省"用友杯"大学生创业设计暨沙盘模拟经营大赛	杨朔、丁秀雅、向凯、王玉雪、黄敏	一等奖	黑龙江省教育厅高教处	2013.6	省级
72	第九届中国黑龙江省"用友杯"大学生创业设计暨沙盘模拟经营大赛	李鑫、李雯、宋昀晨、刘旸、任丽达	二等奖	黑龙江省教育厅高教处	2013.6	省级
73	第八届全国大学生"飞思卡尔"杯智能汽车竞赛	程安民、吴忠峰、那刚诚	东北赛区二等奖	教育部高等学校自动化专业教学指导分委会	2013.7	地区级
74	第八届全国大学生"飞思卡尔"杯智能汽车竞赛	李慧清、崔开帝、张怀宇	东北赛区一等奖	教育部高等学校自动化专业教学指导分委会	2013.7	地区级
75	第八届全国大学生"飞思卡尔"杯智能汽车竞赛	申春雷、李文革、李洋	东北赛区一等奖	教育部高等学校自动化专业教学指导分委会	2013.7	地区级
76	第九届"用友杯"全国大学生创业设计暨沙盘模拟经营大赛（全国总决赛）	丁秀雅、杨朔、向凯、宋云展、王玉雪	二等奖	高等学校国家级实验教学示范中心联席会	2013.7	国家级
77	第五届"龙江杯"大学生先进制图技术与技能大赛	杨荣志	全能二等奖	黑龙江省工程图学学会	2013.7	省级

续表

序号	奖项	获奖学生	获奖名次	授予单位	获奖时间	获奖级别
78	第五届"龙江杯"大学生先进制图技术与技能大赛	杨荣志	尺规绘图一等奖	黑龙江省工程图学学会	2013.7	省级
79	第五届"龙江杯"大学生先进制图技术与技能大赛	杨荣志、崔兆明、乔沛喆、高乐乐、焦健男	团体二等奖	黑龙江省工程图学学会	2013.7	省级
80	第三届"龙建杯"校园科技(工程)文化系列大赛	张震雷、周兴、杨林	二等奖	黑龙江省公路学会	2013.7	省级
81	第八届全国大学生"飞思卡尔"杯智能汽车竞赛	李慧清、崔开帝、张怀宇	全国一等奖	教育部高等学校自动化专业教学指导分委会	2013.8	国家级
82	2013第五届全国大学生广告艺术大赛影视类	代雅楠、杨禹楠、于晓云、吴迪、关聪	优秀奖	主办:教育部高等学校新闻传播类专业教学指导委员会/中国高等教育学会广告教育专业委员会。承办:中国传媒大学/全国大学生广告艺术大赛主委会	2013.11	国家级
83	三维数字化设计大赛	顾建财、杨宇航、方宇、任智远	二等奖	3D动力	2013.11	省级
84	三维数字化设计大赛	方宇、顾建财	二等奖	3D动力	2013.11	省级
85	三维数字化设计大赛	李明岚、李国庆、王建明	一等奖	3D动力	2013.11	省级
86	三维数字化设计大赛	陈燕飞、房梁、姚东辉	二等奖	3D动力	2013.11	省级
87	第七届"用友杯"全国大学生会计信息化技能大赛	王夯、任利达、吕婷婷、孙婷、张琪	一等奖	工业信息化部人才交流中心、用友股份有限公司	2013.11	省级

续表

序号	奖项	获奖学生	获奖名次	授予单位	获奖时间	获奖级别
88	第七届"用友杯"全国大学生会计信息化技能大赛	程祺、李年发、安旭、刘悦、刘艾	二等奖	工业信息化部人才交流中心、用友股份有限公司	2013.11	省级
89	"外研社杯"全国英语演讲大赛（黑龙江赛区）	李帅	三等奖	教育部高等学校大学外语教学指导委员会	2013.11	省级
90	黑龙江省职业院校第三届焊接技能大赛	胡文栋、侯宝庆	一等奖	黑龙江省教育厅	2013.11	省级
91	龙鼎奖	崔兆明、孟祥光	二等奖	3D动力	2013.12	国家级
92	首届全国大学生雪雕比赛	袁天恩、赵近达、舒旭	银奖	黑龙江省教育厅太阳岛	2013.12	国家级
93	第八届全国大学生冰雕比赛	庄众、陈东旭、相磊、黄修旗、张振	金奖	黑龙江省文化厅哈尔滨市冰灯办	2013.12	国家级
94	黑龙江省首届大学生雪雕比赛	付明、田鹏、赵俊毅、王海强	金奖	黑龙江省教育厅、中国哈尔滨太阳岛国际雪雕艺术博览会组委会	2013.12	省级
95	第三届"龙建杯"校园科技（工程）文化系列大赛	张震雷、周兴、杨林	三等奖	黑龙江省公路学会	2013.10	省级
96	2013 ACM-ICPC亚洲区域赛（长春）	王岚、伊强、陈祖涛	优胜奖	ACM-ICPC亚洲区组织委员会	2013.12	国际

续表

序号	奖项	获奖学生	获奖名次	授予单位	获奖时间	获奖级别
97	全国商科院校技能大赛商务谈判网络竞赛	李奇奇、张文斌、孙婧波、田野、宁文静	二等奖	全国商科院校技能大赛组委会	2013.12	国家级
98	全国大学生数学建模竞赛	崔绍进、潘新超、司杰仁	三等奖	黑龙江省教育厅、中国工业与应用数学学会	2013.12	省级
99	全国大学生数学建模竞赛	马华鑫、贾学飞、孟玲欢	三等奖	黑龙江省教育厅、中国工业与应用数学学会	2013.12	省级
100	第十一届黑龙江省大学生冰雕比赛	庄众、闫至远、许靖铭、张振、黄修旗	银奖	黑龙江省文化厅哈尔滨市冰灯办	2013.12	省级
101	第六届国际大学生雪雕比赛	付明、赵俊懿、张浩晨、庄众	银奖	国际大学生雪雕比赛组委会	2014.1	国际级
102	第五届"蓝桥杯"全国软件和信息技术专业人才大赛黑龙江赛区	梁爽	一等奖	"蓝桥杯"全国软件和信息技术专业人才大赛组委会	2014.4	省级
103	黑龙江省龙建杯土木工程技能大赛	李龙坤	三等奖	黑龙江省教育厅、黑龙江省公路学会	2014.5	省级
104	黑龙江省龙建杯土木工程技能大赛	刘洋	三等奖	黑龙江省教育厅、黑龙江省公路学会	2014.5	省级
105	黑龙江省龙建杯土木工程技能大赛	张磊	三等奖	黑龙江省教育厅、黑龙江省公路学会	2014.5	省级
106	黑龙江省龙建杯土木工程技能大赛	韩晓东	三等奖	黑龙江省教育厅、黑龙江省公路学会	2014.5	省级
107	黑龙江省龙建杯土木工程技能大赛	安成鑫	三等奖	黑龙江省教育厅、黑龙江省公路学会	2014.5	省级

续表

序号	奖项	获奖学生	获奖名次	授予单位	获奖时间	获奖级别
108	黑龙江省建委杯土木工程技能大赛	邹幸	三等奖	黑龙江省教育厅、黑龙江省公路学会	2014.5	省级
109	东北三省数学建模联赛	崔绍进、凌海、马天楠	一等奖	东北三省数学建模联赛组学会	2014.6	地区级
110	2014年第九届"毕昇杯"全国电子创新设计竞赛	孙惠文、原野、申建勋	一等奖	2014年第九届"毕昇杯"全国电子创新设计竞赛组委会	2014.6	国家级
111	2014年第九届"毕昇杯"全国电子创新设计竞赛	沈佳伟、孙惠文、张景岳、田欣欣	一等奖	2014年第九届"毕昇杯"全国电子创新设计竞赛组委会	2014.6	国家级
112	第十届"用友杯"ERP沙盘模拟经营大赛黑龙江省总决赛	宋昀晨、王振、高昕、武万东、田春雨	二等奖	教育部高等教育司、高等学校国家级实验教学示范中心	2014.6	省级
113	第十届"用友杯"ERP沙盘模拟经营大赛黑龙江省总决赛	李鑫、丁秀雅、郑楠、刘鑫、崔萌	二等奖	教育部高等教育司、高等学校国家级实验教学示范中心	2014.6	省级
114	第十届"博创杯"全国大学生嵌入式物联网设计大赛	姜旭东、潘宇、仲小东	一等奖	中国电子学会	2014.6	省级
115	第十届"博创杯"全国大学生嵌入式物联网设计大赛	王春雨、张魏、李苏莹	一等奖	中国电子学会	2014.6	省级
116	第十届"博创杯"全国大学生嵌入式物联网设计大赛	卜晓航、王单、路浩	二等奖	中国电子学会	2014.6	省级
117	第六届黑龙江省"龙江杯"大学生先进制图技术竞赛	刘志军	全能二等奖	黑龙江省工程图学学会	2014.6	省级

24

续表

序号	奖项	获奖学生	获奖名次	授予单位	获奖时间	获奖级别
118	第六届黑龙江省"龙江杯"大学生先进制图技术竞赛	刘志军、杨勇群、隋雪松、田鹏超、田云超	团体二等奖	黑龙江省工程图学学会	2014.6	省级
119	第六届大学生广告艺术大赛	董光耀、陈丁茜	二等奖	教育部高等学校新闻传播学类专业教学指导委员会、中国高等教育学会广告教育专业委员会	2014.6	省级
120	第六届全国大学生广告设计大赛（第一阶段）	吴洪玉	一等奖	教育部高教司	2014.7	省级
121	第六届全国大学生广告设计大赛（第一阶段）	吴洪玉	二等奖	教育部高教司	2014.7	省级
122	韩国国际照明设计大赛	田鹏	金奖	韩国IBS照明学会	2014.7	国际级
123	韩国国际照明设计大赛	刘志慧	铜奖	韩国IBS照明学会	2014.7	国际级
124	韩国国际照明设计大赛	催筠欣	铜奖	韩国IBS照明学会	2014.7	国际级
125	第十届"用友杯"ERP沙盘模拟经营大赛全国总决赛	宋昀展、李冼、王玉雪、齐玥、李鑫	二等奖	教育部高等教育司、高等学校国家级实验教学示范中心	2014.7	国家级
126	第一届"台达杯"两岸高校自动化设计大赛	孙惠文、原野、毕泽群	二等奖	中国自动化学会	2014.7	国家级
127	第九届全国大学生"飞思卡尔"杯智能汽车竞赛	刘春超、齐亚军、董海亮	东北地区一等奖	教育部	2014.7	省级
128	第九届全国大学生"飞思卡尔"杯智能汽车竞赛	卢达奇、李林、高立强	东北地区二等奖	教育部	2014.7	省级

续表

序号	奖项	获奖学生	获奖名次	授予单位	获奖时间	获奖级别
129	第四届"赛佰特杯"全国大学生物联网创新应用设计大赛	姜旭东、潘宇、仲小东、朱英坤	二等奖	中国电子学会	2014.8	国家级
130	第四届"赛佰特杯"全国大学生物联网创新应用设计大赛	王春雨、李苏莹、张巍	二等奖	中国电子学会	2014.8	国家级
131	2014年"深圳"数学建模夏令营	崔绍进、凌海、马天楠	优秀论文提名奖	"深圳市科学技术协会全国大学生数学建模竞赛组织委员会"	2014.8	国家级
132	第九届全国大学生"飞思卡尔"智能车竞赛	刘春雨、齐亚军、董海亮	全国二等奖	教育部	2014.8	国家级
133	2014年黑龙江省大学生电子设计竞赛	卢达奇、贾瑞彤、袁正宏	一等奖	教育厅	2014.8	省级
134	2014年黑龙江省大学生电子设计竞赛	王传胜、李桐强、刘家贺	二等奖	教育厅	2014.8	省级
135	东三省数学建模竞赛	崔绍进、潘新超、张金铭	一等奖	东北三省数学建模组委会	2014.9	地区级
136	美国数学建模竞赛	何泳力、李晓雷、黄丹丹	成功奖	美国数学及其应用联合会等	2014.9	国际级
137	"彩格杯"黑龙江省大学生工业设计大赛	曹腾蛟、吴镓、陆佳伟、秦文、赵璐璐	二等奖	黑龙江省教育厅	2014.9	省级
138	黑龙江省力学结构大赛	张茜	二等奖	黑龙江省教育厅、黑龙江省力学学会	2014.9	省级

续表

序号	奖项	获奖学生	获奖名次	授予单位	获奖时间	获奖级别
139	黑龙江省力学结构大赛	陈俊杰	二等奖	黑龙江省教育厅、黑龙江省力学学会	2014.9	省级
140	黑龙江省力学结构大赛	羌佳俊	二等奖	黑龙江省教育厅、黑龙江省力学学会	2014.9	省级
141	黑龙江省力学结构大赛	李红柱	二等奖	黑龙江省教育厅、黑龙江省力学学会	2014.9	省级
142	2014ACM-ICPC亚洲区域赛（牡丹江）	梁爽、王宇驰、钮政东	优胜奖	2014ACM-ICPC亚洲区域赛（牡丹江）组织委员会	2014.10	国际
143	2014ACM-ICPC亚洲区域赛（西安）	周见阳、赵家毅、钮政东	优胜奖	2014ACM-ICPC亚洲区域赛（西安）组织委员会	2014.10	国际
144	第八届"用友新道杯"全国大学生会计信息化技能大赛黑龙江总决赛	刘艾、李圆圆、张宏伟、赵凯月	二等奖	黑龙江省教育厅	2014.11	省级
145	第八届"用友新道杯"全国大学生会计信息化技能大赛黑龙江总决赛	王夯、安旭、李奔发、张琪	一等奖	黑龙江省教育厅	2014.11	省级
146	韩国国际公共环境设计大赛	侯春平	金奖	韩国庆州市政府及韩国公共设计学会	2014.12	国际级
147	韩国国际公共环境设计大赛	袁彗雨	铜奖	韩国庆州市政府及韩国公共设计学会	2014.12	国际级
148	第九届全国信息技术应用水平大赛"国教华腾杯"服装创意设计大赛	王宏蕾、耿莹、颜春茹	一等奖	教育部	2014.12	国家级
149	第九届全国信息技术应用水平大赛"国教华腾杯"服装创意设计大赛	王硕、白宇佳、郭梓怡	二等奖	教育部	2014.12	国家级

第三篇　实践创新篇

我们学院的类别定位是工科为主,兼有经、管、文等学科相结合的应用型本科院校,担负着培养高级应用型人才的任务。比起研究型大学、教学研究型大学的学生,应用型院校的学生的实践动手能力显得尤为重要,否则我们的学生就毫无竞争力。依据学院类别的明确定位,学院十分重视对学生实践动手能力及科技创新能力的培养。自2003年成立独立学院以来,学院每年都要投入100余万经费支持学生参加各类文体活动、技能竞赛,提供了163间创新实验室帮助学生进行参赛训练,为全院学生的实践活动提供保障,为学生科技创新活动的开展提供了必备的前提条件。近几年来,我们学院涌现了一批能动手、动脑的实践能力较强的学生和团队,如信息学院的ACM竞赛小组、学生创新实验室(E新工作室)、机电汽车学院的"零点实验室"、机电控制创新设计小组、建筑学院的"摩天阁建筑协会"、经管学院的ERP代表队、艺术学院的冰雪雕塑、服装学院的华德霓裳等,他们在省级以上各类科技竞赛中获得奖项600余项(截止到2014年12月),不但为学院争得了荣誉,而且也大大地激励了同学们奋发向上的进取精神。

600余项奖项,来之不易。除了学院提供的必备条件和老师的精心指导外,这一切与团队的协作,同学们的积极进取、努力拼搏是密不可分的。下列几则故事从不同的侧面向我们揭示了奖项取得的原因,给我们以启迪。

"成功"在"坚持"之中

  成立于 2005 年 3 月的电子系学生创新实验室是我院优秀创新团队之一,目前有成员 300 余人、指导教师 14 人。2006 年以来他们取得了黑龙江省大学生电子设计大赛一等奖,全国大学生电子设计竞赛黑龙江赛区一等奖,第四届全国大学生"飞思卡尔"杯智能汽车竞赛东北(五省)赛区摄像头组一等奖,第四届全国大学生"飞思卡尔"杯智能汽车竞赛全国总决赛摄像头组优秀奖,第五届全国大学生"飞思卡尔"杯智能汽车竞赛东北赛区一等奖和全国总决赛二等奖,第二届"天华杯"全国电子专业人才设计与技能大赛——单片机设计与开发大赛黑龙江赛区一等奖,全国总决赛二、三等奖,2010 年"毕昇杯"全国电子创新设计竞赛全国总决赛一等奖等 127 个奖项。骄人的成绩是怎样取得的?下面是学生创新实验室负责人王原同学(已于 2010 年毕业,后赴英国攻读硕士、博士学位)在电子系实践创新报告会上的讲话节录,从中我们可以找到答案。

  我来自应用电子与通信技术系 0692401 班,我叫王原,很高兴用这个特殊的方式让大家认识我。感谢学院的支持,感谢领导、老师的关怀,更感谢电子类的各种竞赛,使我今天能与在座的各位分享和交流我的心得和体会,倍感荣幸。看到大家的一张张笑脸,我仿佛又回到了大学入学的时刻。

  首先我要问大家一个问题:我们当代大学生的使命是什么?我想这是一个发自心底的问题,请在座的各位仔细思考。也许你觉得这个问题太难回答,也许你心中早已有答案,请不必讲出。我们来到这个神圣的殿堂——大学,我们播种下了成功的种子,我们渴望着成功。可能你会非常实际地说,我就想要一个好的工作。那么如何在这有限的4年内获得更多的知识和更多的技能,显然成了一个棘手的问题。

　　国家鼓励创新,学校鼓励实践。精明的你,我想是不会忽略这些的。理论的学习固然是重要的,可是千万别忘了,实践是检验真理的唯一标准。公司和单位在招聘的时候更青睐那些成绩不错,而且又有很强的钻研和动手能力的学生,无疑动手能力会成为竞争中的杀手锏。我们电子行业要提高技能,无非是多进入实验室,多多从事实验,在工作中积累经验,不断提高实战技能。恰巧电子类的竞赛给我们提供了展示和检验自己的机会。在教育部举办的五大学科竞赛中,电子类竞赛占了两个。因此我为我们都是电子人而感到无比骄傲。我很幸运地参加了2个电子类竞赛,共计3个比赛,同时获得了3个一等奖。

　　2008年我作为电子系"创新实验室"第一批成员,参与了建设、管理和竞赛。实验室的建设、管理和竞赛的经历可能是我一生中最美好的回忆。实验室中的一砖一瓦都是我们参与设计的,我记得是我的好战友赵彦峰同学为大家设计了实验台。实验台运来后,又是我们大家一颗螺丝、一颗螺丝组装起来的。那个时候心底有一种莫名的想法,就是想为这个实验室付出更多、做更多。有了这样的一个良好的环境,还有系领导大力争取来的仪器,我们这个小小的实验室似乎有了一点点生机。借此机会我也开始了第一次的竞赛探索之路,我参加了2008年的黑龙江省大学生电子设计大赛。

　　2008年的那个暑假有点特别,有点安静,有点与世隔绝。电子设计大赛如期举行,我和我的搭档赵彦峰、赫昌玲三人组成一个团队,我担任队长。我们选择了一个无人问津的题目,做了一个简易的数码相机,要求能播放视频、音频,还要能在电视上面显示,显然这是个嵌入式的题目。似乎有点难,但是还是选了,我想是为了挑战吧。

　　8月初我们已经基本完成了题目基本指标的设计与制作,接着进入了扩展指标的开发阶段。此时三个人分工已经比较明确,我设计嵌入式的软件,赫昌玲设计语音识别的软件。正值奥运会,偶尔我们也会借着布满雪花的电视关注一下奥运赛事。电视上奥运健儿的拼搏,仿佛也能唤起自己内心的一些东西。

　　程序总量突破两万行。看着这些程序我很感动,感动于自己的搭档那么好,感动在大学里和自己的搭档能完成一个项目。谁说哈尔滨夏天凉快?热得我们都光着膀子。实验室没纱窗,晚上就成了动物世界,各种昆虫齐聚,最烦人的是蚊子,一点儿不温柔。晚上从实验室回寝室的路上,没有路灯,我们甚至看不见彼此的脸。有的时候工作太晚了,忘记吃饭,就到寝室打一杯"华德山泉",吃几块掉在地上能碎成渣的饼干。假期的江北异常地静,所有的商店都关门了,马路上甚至没有车流。就在这种环境中,我和我的组员完成了这次比赛,并且获得了一等奖的成绩。在完成基本指标的同时,还实现了

11个扩展指标设计,得到了评委一致的好评。

2008年我们创新实验室的其他成员也都获得了不错的成绩。为了完成比赛,赵立新同学挺着39℃的高烧,连服猛药坚持。在这种精神的指引下,他顺利地完成了比赛任务,一共得到了三个一等奖、一个三等奖,受到了学校的肯定和鼓励。2008年10月19日,时任黑龙江省省长的栗战书来学院视察指导的时候,特意来到了我们实验室,他还和我亲切地交谈,他问我如何把这些实验室中的产品推广到社会中,从而振兴我们东北老工业基地,我结合专业向他做了认真的介绍。

对于2008年黑龙江省电子设计大赛的成绩我并没有满足,而是又一次接过了全国大学生"飞思卡尔"杯智能汽车竞赛的接力棒。对于这个竞赛,我们没有任何的经验,甚至不知道是什么,就是硬着头皮上。当时没有资金,我就和队员一起拼凑各自的生活费。我们策划方案,努力找突破口,我再次担任了队长。在这里郑重感谢我的队友刘福生、王寅杰,谢谢他们的努力。说不清楚多少次大家加班加点,经常一天就吃一顿饭。为了完成相关的任务,王寅杰同学曾经多次租住在校外旅店,工作到凌晨三四点钟,第二天还要认真上课。他的眼睛总是红红的,而且多次能看到他脸上被键盘印出的红色印记。有时候大家会开玩笑说:"杰哥,你越来越有文化了,脸上都带着键盘和字母了。"为了完成任务,为了进度,大家就这么坚持着。

在长春比赛期间,我们和老师都是在一些小餐馆凑合,在比赛地点吉林大学周围租住20块钱一宿的小旅店。晚上旅店有打麻将的,大家都没有休息好。东北的春天有点儿冷,晚上经常被冻醒。比赛前一天的调试,在不算热的场馆里我们干得热火朝天,比赛统一发放的T恤都能挤出汗水。

我也曾经想过放弃,但还是坚持着。这是我写在自己日记里的一段话:夜已经很深了,听着我熟悉的歌曲,一下子想起了很多很多。我在"飞思卡尔"杯智能汽车竞赛中已经有2个多月了,记得起步时我们什么都没有,别说经验,连它是什么也不清楚。这次真的想放弃了,我卡在了数字处理图像上。1个多月了,没有任何进展!还记得昨天和老师大呼小叫说:"我王原不干了!我放弃!放弃!"今天在寝室度过了一天,把东西全拿到了寝室,从早到晚,像平常一样工作了16个小时。其实我已经快崩溃了,重写代码不下30余次,扔掉程序快几千行时,我发现了方向,取得了质的变化,小车的图像特征提取也实现了。想起了省电子设计大赛,真的是崩溃的边缘才是成功的边界。我在失望中寻找希望,在绝望中寻找出路。谢谢我的指导老师赵建新老师,其实他从不会给我技术上的指导,他只是在我不行的时候给我鼓励,在我说放弃的时候,把我说明白,甚至骂明白。就是这样,依靠着缓慢的爬行前进,我不知道成功的目标有多远,但我知道前行会离目标近点儿吧。因为这是第一次，我不知道路多长，但是希望我坚持，再坚持，一定不要停！我不为别的，就为自己热爱电子这个行业，就为今后不后悔。

比赛总体顺利，第一天的预赛我们就超过了哈工大本部学生。接下来的比赛甚至出乎我的意料，我们一路挺进了决赛，并且获得了东北五省市的一等奖，也因此作为黑龙江唯一一所独立学院进入了全国决赛，和清华大学、北京科技大学、上海交通大学这些大学的学生一起竞争。

捧着奖状时，我记得我的搭档王寅杰露出了久违的笑容，对我龇着牙说了一句谢谢。老师和我们拉着院旗照相，当时我甚至有种拉着院旗跑起来的冲动。也有一种想哭的冲动，那个时候我才知道我的学校原来也可以这么强大，我已经深深爱上了我的学校。我们用了别的学校十二分之一的时间、十分之一的钱，进入全国决赛，把学院大旗挂在了重点大学之中。全国决赛虽然有点儿遗憾，但是如果经验再多一点儿，或者参加过一次，就不会因为光线失利。但是第一次吃螃蟹，味道很奇特，我们是赢家，超额完成了学校的任务，没给学院丢脸。这就是我们的信念，让自己不后悔。

在智能汽车竞赛结束不久后，全国大学生电子设计竞赛拉开了帷幕，我这次是组员。这是 4 天的比赛过后的中午，勉强起床，我打了一杯热水，坐在我的实验台前，回忆着这几天的全国大学生电子设计竞赛。大二的时候我加入了创新实验室，伴随实验室的成长，我也在成长。从 2008 年的全省电子设计大赛，到"飞思卡尔"杯智能汽车竞赛，再到今天的全国大学生电子设计竞赛，我当过队长，当过队员，感受颇多。其实我有个习惯，每次竞赛我都会换队员，我喜欢把这些好事分给实验室的每一个人。

全国大学生电子设计竞赛，我们的准备方向是仪器仪表类，备份了一个控制类型的题目，然而今年的赞助商从索尼换成了 NEC，出题思路全部都改变了。最后，我们选择了射频通信类题目，我想这是对我们的一次挑战。一直喜欢射频，但是从来没敢做过射频。4 天的比赛，几乎做实验就花费了 3 天时间，作品的制作和程序设计仅用了 1 个晚上的时间，直到最后一天装箱前的 5 分钟（当时已经是凌晨 5 点半）我才调试组装完成，看来是之前准备得不太充分。

比赛的这几天我们从来不出实验室，吃饭有人给送，就是不能睡太多觉，怕耽误时间。一天每个人也就睡上 3~4 个小时，最后 2 天几乎是不睡。我是穿着短裤走进的实验室，出来时发现穿着长裤都冷，已经有种与世隔绝的感觉了。全电子系的老师都是我们的后勤组，指导老师都在默默地奉献着，陪着我们，给我们送饭。感谢他们的工作，没有他们，我们也不能取得这么好的成绩。奋战的兄弟们都是好样的，有人在实验室连续工作 8 天，有人发高烧都不动地方，这种精神和行动汇集成一个词——坚持！每天实验室都是灯火通明,电脑风扇转动的声音不断。人睡觉,电脑不休息,仪器全部工作,就连我的电烙铁都工作了6天没停工。这次大赛,我们总共获得一等奖2个、二等奖2个、三等奖2个,我也再一次获得全国大赛的赛区一等奖。

经历了"飞思卡尔"、全国大学生电子设计竞赛等国家级的比赛,我学会了很多很多。那里不仅仅只是有技术,当然你要学技术也可以,比如第一次搞嵌入式,第一次做图像压缩,第一次做MP3、MP4解码、图形处理、形态学、控制论、射频技术等,在竞赛中学到更多的是为人处世。担任队长,就要知道,自己站在崩溃的边缘还要鼓励别人,调动大家的积极性;当组员,就要体会如何配合组长完成任务。

2009年我被电子系确立为"双尖"(学习型、技能型)人才,我想我不会辜负这一光荣的称号,我会更加努力。作为一个学生,我奋力追逐学术素养,追逐能力培养。走出学校后,我会更加努力工作。我们当代大学生担负着积淀与传承人类文明和民族文化的任务,我想大学生的使命包含了服务社会、为理想拼搏的责任。

赞 S308 室精神

顾德库

研习创意任遨游,电子空间岂一球?
暑酷蚊叮等闲事,病魔饥困无眠休。
胸中自有成才志,雏鹰向天欲何求?
旭日喷薄苍穹阔,华德硕果一望收。

二〇〇九年十月二十四日

机遇留给有准备的人

2010年6月,在我院承办的 ACM – ICPC 中国东北地区第四届大学生程序设计竞赛中,计算机系 ACM 竞赛小组成员冯明超、廖怡然和魏洪亮同学组成的"蜗牛"队获得了二等奖(总排名为36/125),不但与哈工大、哈工程、东北大学、大连理工等名校比肩,而且将一些强校代表队甩在了身后,不仅展现了我们华德学子的水平,也充分验证了我们的队员孜孜以求和锲而不舍的求学精神。下面这篇文章是获得二等奖的0891132班冯明超同学在参赛之后写的心得。读完这篇心得,你一定会体会到"机遇留给有准备的人"的哲理。

回想起一年以前,我差不多就是这个时候接触的ACM。还记得,准备比赛(先进行网赛)的时候,每天在机房几乎都不学习,就看看网页、听听歌之类的。真到了网赛的时候哪里知道连最简单的题也做不出……乱做,可惜的是送走了我第一次参加现场赛的机会。郁闷至极的我当时甚至进一步放松了自己。如果不是意外地失去了另一个学习的机会,可能我也无法全心地投入ACM。放暑假之前,本来定好了让我去上海学习一个月的,可是突然间又改变了计划。那时我的心情别提有多失落了,就连回家玩的心情都没有了。但是我没有放弃学习,而是选择暑假的时候留在学校学习ACM。本来就热爱编程的我,在全天的训练中渐渐地迷上了ACM这项比赛。因为ACM让我知道了我以前的"知道"就是"不知道",也让我知道了什么才是效率。我开始努力地学习,那个暑假也许是我人生中最充实而快乐的假期了。那时候我可以没黑没白地享受编程给我带来的快乐。由于那个假期我比较用功,因此我也进步了不少。11月份的时候,幸运女神没有再次拒绝我和我的努力。我有幸代表学校参加了ACM-ICPC亚洲区的比赛。那次比赛让我认识到了什么才是差距。之后的日子里我也放松了一下,直到开学我才慢慢地静下心来开始学习。虽然有时候总与孤独为伴,但是真正静下心来学习还真的能学到一些东西。虽然现在的我还依然是个菜鸟,但是我相信用"怒放的生命"一定可以打造出一片属于我自己的天空。

还记得刚刚接触ACM的时候,我并不了解它,也不知道它到底是一个什么样的组织,后来听了梁兴柱老师的简单介绍才对它有了初步的认识。ACM程序设计大赛对编程的逻辑思维的提高有很大帮助,它被称为程序设计的奥林匹克,是展示自我、锻炼自我、发挥个人才能的一个很好的平台。对于酷爱编程的我来说,加入了这个组织,有一个梦想就是要参加全球总决赛,至今这个梦想还一直激励着我,使我奋发向前。

"机遇留给有准备的人",我一直都很相信,所以一直努力地学习着。从ACM小组内部函数和算法,到简单的a+b,再到梁老师、徐红梅老师、龚丹老师讲的一些基本算法,再加上我自学成功的算法已学会很多种了,如搜索、最短路径、动态规划、图与树、并查集、线段树、最小生成树、最大流、二分图、数论、组合数学、高精度数值运算、计算几何等等,而且到现在为止,还可以做一些类似于逃离迷宫这样的游戏了。

机遇来临了,我参加了2010年ACM-ICPC黑龙江省第五届程序设计竞赛的网赛,以三道题的成绩成功地取得了省赛资格。当机会来的时候不要犹豫,即使你没有准备好,你也不要放弃,因为放弃是自己把自己打败了,而不是被别人打败了,这样你永远不会知道自己的真正水平,永远不会知道什么是高手。生活中没有充分条件,只有必要条件,当你有了必要条件时,你就可以出发了,一切的发明与创造都是在这种非充分条件下一步步产生的。

经过不到一个月的集训,我来到了省赛现场。这次现场赛,我的心态调整得不是很好,也许是我太想要得到好成绩了,没有发挥好,就连二等奖也差点儿丢了。在我看来,ACM做的最重要的事情就是团队合作,团队合作的能力是永远用得上的,这可能是ACM里唯一能够真正用得上的东西,但是,这次比赛暴露了我们团队配合的一些问题,它们不是一天两天造成的。就我们而言,几次的比赛已经把我们每个成员的心紧紧地连在一起了。在比赛中要将自己学到的算法做到学以致用。记得当时有这样一道题。像一维的动态规划,相信我们大家都能很容易就写出来,但是如果是一个二维矩阵问题呢,又怎么动态规划呢? DP在这里遇到了很大麻烦。有一段时间,我一直在想这个问题,用了好多方法尝试,甚至想到了图论,但是看到其他人都能用DP写出,我想:自己为什么就不能呢? 于是后来我慢慢想,如果将矩阵里面的行固定,那么每一列是不是就可以考虑DP了? 有了这个想法,我马上实践,虽然又遇到很多的问题,但是最终还是把那道困扰我很长时间的问题解决了,心里一阵开心。提交答案后,就OK了,当时心情格外地喜悦,那种喜悦是没有任何东西可以替代的。

比赛刚刚结束,又一个新的挑战摆在我的面前——东北四省(东三省加内蒙古地区)赛。这次比赛在自己的学院进行,这是我的主场。我心里默默地想,我可不能给学院丢脸。虽然老师对我没有什么名次要求,但是我还是尽力在接下来的1个月里进行着紧张的训练。

在1个月的训练中,我和我的"蜗牛"队队友努力地准备着。我经常用抗电的DIY测试来测试我们,来激励大家努力训练。赛前我把心态调整得很好,我没有像省赛那样想拿什么好的成绩,我只是想拿一个三等奖就好了,因为大家都是各省的精英。我最终以二等奖的成绩回报了一直支持我、帮助我的老师、同学和队友们。

通过这几次比赛,我总结出这样一条经验,其实ACM并不是一门课程,在它的世界里，没有太多的主观成分，没有模棱两可的对错，它允许出错，但一个问题中，如果你出错，你必须纠正过来，否则，你这个问题就等于没解决。比赛中，ACM还需要你有抗压能力，需要你调节心理状态，但是，平时的练习或许是更重要的。

进入ACM小组这么长时间，也经历了几次大型的比赛，自己也得到了很多经验，总结起来有以下几点：①重视团队合作；②平时做好准备；③赛前调整好心理状态；④比赛的时候注意细节；⑤比赛的时候注意状态调整；⑥训练好的心理素质。

如果你有了以上这几个充分条件，那我相信你一定会成功的。

闻计算机系喜报作

顾德库

寰球顺畅E网玄，计算机系捷报传。
早闻师生同夺冠，亦曾亚太高峰攀。
软件成名惊世殊，学子后来不怕难。
若得胸怀效国志，华德育优敢领先。

二〇一〇年五月十七日

"从零点学起，工作到零点"的"零点"精神

爱因斯坦曾经说过：成功＝艰苦的劳动＋正确的方法＋少说空话。

古往今来凡事业有所成就的人，无一不是脚踏实地、坚韧不拔、艰苦奋斗的典范。捧回第四届"毕昇杯"全国电子创新设计竞赛本科组二等奖奖状的0793112班侯廷晨、项群杰同学正是秉着这种信念，2年来在他们与同学共同创办的汽车系"零点实验室"里，边学习、边实践、边研究、边制作，用勤奋、用汗水换来了成功。

在实验室最初创办的日子里，他们并无技能基础，是永不放弃的信念成就了他们。从焊比较简单的电路开始，遇到问题就向老师和学哥求教。为了更快地提高自己，他们课余时间参加电子技术辅导班，自学单片机等课程。除了上课，他们整天埋头在实验室里。在报名参加2009年"毕昇杯"全国电子创新设计竞赛前的那段日子里，他们克服了一般学生难以想象的困难。没有现成的零件，他们就用自己买的一把小手钻和铁锯自制，做了一百多个零部件，双手都磨出了血泡。所做的一百多个零部件需要的材料和经费都要自行解决（学院只对参赛项目的制作经费给予报销），而他俩都是来自农村的

贫困生,他们只好从生活费里节省,如遇到生活费与买零部件的费用发生冲突时,他们宁可不吃饭也要坚持买零部件。那段时间,他们甚至挑战了自己的生理极限。为了能让作品更加完美,他们向院里申请在实验室打通宵,第一次通宵了 3 天,第二次 7 天,第三次连续奋斗了 15 天! 白天他们正常上课,从不缺席。放学后,不吃饭就又来到实验室,饿了就泡一袋方便面,有的时候一盒土豆丝、四盒米饭就是两人的一次伙食改善了。实在困了,就趴在桌子上睡一会儿,然后起来继续工作,每天都工作到早晨五六点钟。他们说:"那段时间,一天能睡上两三个小时已算是奢侈了。"辅导员老师让他们注意身体,他们笑笑说"会注意",但还是放不下手中的"活",到了忘我如痴的程度。比赛结束后,他们整个人都瘦了一大圈儿。

在 2010 年学院科技节中,他俩带领"零点实验室"展出作品 24 件,受到院系各级领导的好评。同年暑假,侯廷晨等又参加了"毕昇杯"全国电子创新设计竞赛,获得了本科组一等奖。零点实验室现有成员 36 人,每年都会参加 3 次以上大型比赛,2014 年零点实验室学生平均分达 85 分以上,自 2008 年成立以来获得省部级以上奖项 40 余项。

理论实践相结合　赛场挥洒练雏鹰

近几年来,经济管理系遵循学院所倡导的"侧重个性培养,全员成才教育"理念,努力践行"理论与实践相结合"的原则,坚持创新与"走出去"的学生培养模式,大力鼓励学生参与实践,进行科技创新活动,自 2009 年第一次参加 ERP 创业大赛以来,连续多次取得优异的成绩。在 2009、2010 年第五、六届"用友杯"全国大学生 ERP 创业大赛黑龙江赛区总决赛中连续荣获第二名,并在第六届"用友杯"全国大学生创业设计暨沙盘模拟经营大赛全国总决赛中以第五名的成绩喜获全国一等奖,创造了黑龙江参赛代表队历史最佳成绩。在2011年第七届"用友杯"全国大学生创业设计暨沙盘模拟经营大赛黑龙江省总决赛中再夺全省二等奖和全省三等奖的好成绩。在2012年第八届"用友杯"全国大学生创业设计暨沙盘模拟经营大赛黑龙江省总决赛中获得团体二等奖。在2013年第九届"用友杯"全国大学生创业设计暨沙盘模拟经营大赛黑龙江省总决赛中我们分别获得了团体二等奖和团体三等奖,并获得了参加全国赛的资格,获得了全国总决赛三等奖的好成绩。在2014年第十届"用友杯"全国大学生创业设计暨沙盘模拟经营大赛黑龙江省总决赛中获得团体一等奖一项和团体二等奖两项,同时我们又一次获得了参加全国总决赛的机会,在全国总决赛中我们获得了团体二等奖。除参加"用友杯"全国大学生ERP创业大赛外,我们还参加了其他赛事。在2009年"e路通"杯全国大学生网络商务创新应用大赛中获得了网络营销全国一等奖、网络创新全国二等奖的优异成绩,我们学校被授予优秀组织院校奖、组织突出贡献奖和最佳网络创新指导院校奖,是全国院校中为数不多的同时获得三个奖项的院校之一。优异成绩的取得离不开学院领导的高度重视和大力支持,离不开全系老师的精心指导,更离不开全系同学的共同努力和参赛团队的协作拼搏。下面这篇文章,是我学校参加"e路通"杯全国大学生网络商务创新应用大赛的代表队龙浩网络团队的队长李航同学参赛归来所用的汇报发言稿的节录。从这篇讲话中我们可以看到从初赛,到复赛,到决赛,再到总决赛一路的艰辛,以及学生的理论知识与实践能力的磨炼和增长,了解到获得成绩的喜悦和来之不易,给我们以启迪。

　　本次大赛是由中国互联网协会主办,工信部和教育部指导的全国性一类赛事。从2008年11月大赛启动以来,有来自全国2000多所院校近10万名大学生参与了大赛,其中包括清华大学、中央财经大学、天津大学、南开大学、华南理工大学、中南大学、集美大学、厦门大学等,各院校代表队都派出了最强大的阵容,院校领导牵头,专业骨干教师

指导,精英学生参赛。大赛竞争的激烈程度可想而知。

我们学院于2008年12月8日正式成为第二届全国大学生网络商务创新应用大赛东北赛区联合承办高校。2008年12月10日通过认真的选拔,黑龙江志愿者团队成立。紧接着在指导教师梁莹老师的带领下走访了江北大学城13所院校,在院团委、学工处的大力支持下,在经济管理系的精心策划和组织下,于2008年12月16日在我院成功举办了大赛东北赛区宣讲会。

宣讲会结束后比赛正式开始,比赛分为初赛、复赛、决赛和全国总决赛4个阶段。共有4个主题赛,分别是:网络创业主题赛、网络贸易主题赛、博客创新主题赛、网络营销策划主题赛。进入初赛后,志愿者团队就大赛选题和方案立项等问题,与大庆石油学院、华瑞学院合作组织了黑龙江赛区参赛选手专题辅导交流会,进入复赛后又在我院成功举办了东北赛区决赛方案研讨交流会,为东北赛区进京参加全国总决赛的团队提供了理论和经验上的帮助。

作为承办院校,我院在初赛阶段进行了大规模的宣传,有超过300名学生,近60支队伍报名参赛。作为一个老选手,大三的我也报了名。经过反复的思考和磨合,我、薛伟、王岩和崔莹莹四人组建了团队,取名"龙浩",含义丰富,生机无限。就这样四个人喊着"龙腾e网,浩博众商"的口号,齐步走上了大赛的征程。7个月的大赛对我们来说非常漫长,可以沉默,但决不能放弃!这就像是抗日时期的那种小米加步枪的精神,尽管面对的是艰难险阻,但是只要坚持不懈地努力,依旧能够取得最终的胜利。我时时刻刻告诫自己,作为队长,我是指挥官,要带好我的兵,同时作为队长,我一定要对我的队员负责。在一个团队中,最致命的是队长的放弃,不管是心理上的,还是行动上的,这都是致命的,因此带好团队,保持最强的战斗力显得无比重要。

经历了初赛的洗礼,很高兴我们团队进入了复赛。这次我们的选题是网络营销策划主题,在商务的实践方面比较突出。复赛的阶段也是方案的实施阶段,我们团队的项目是针对企业存在的实际问题进行有效的解决。通过系主任徐丽老师的牵线搭桥,我们与哈尔滨网联超市达成了合作意向,并签署了授权委托书等相关文件。在与合作企业网联超市深入接触后,我们对网联超市的市场环境、经营状况进行了调研和分析,发现企业在宣传推广上遇到了瓶颈,主要存在以下3个问题:一、网联超市的品牌认知度亟待提升。二、网联超市现有顾客群体相对分散。三、哈尔滨绝大多数消费者的网络购买意识和网络购买能力相对较弱。针对这3个问题我们在指导教师的指导下,很快就拿出了解决思路:一是充分合理地利用互联网资源,构建"零成本全方位"营销体系。二是整合现有的合作伙伴及消费者资源,打造生态和谐的"网络连锁共赢链"。三是找准目标市场,重新进行市场定位,进一步锁定较为集中的目标消费群体。四是抓住国家农村信息化的大好机遇,进一步扩充业务范围,构架农村网络致富高速公路,"服务三农,网联天下"。

有了思路之后,工作就有了目标,有了方向。很快方案修改工作正式启动,我们首先完善了我们的方案,将初赛时评委反馈的意见、建议进行充分考虑后,将方案内容整合成一个纲要,然后将其模块化,每人负责一个模块,把方案中错误、矛盾、模糊的地方进行改正。在此过程中,本着一切从实际出发,尊重事实、敢于创新的原则充分地调动和发挥队员的创造力。方案修改完成后,我们再把各个分模块组合起来,形成一套完整的方案,使其更具竞争力。

方案出来了,实施方案就提上了日程。要想把实施工作顺利开展就必须进行必要的实验和调查,研究方案的可行性。在院系领导的支持下、在指导教师的指导下、在合作企业的配合下,我们开始实施方案。针对方案中出现的两个全新的目标市场,我们分别开展了黑龙江农村信息化调研和哈尔滨大学生网络消费市场调查。总结加工后,我们将得出的结论写成了报告。其中黑龙江农村信息化调研报告得到了大赛专家组成员中央财经大学科研处处长孙宝文教授的高度赞许,其委派该校长期从事黑龙江农业经济研究的安贺新教授与我们进行交流,并对我们的方案提出了建议。鉴于报告的使用价值,在复赛阶段,我们在我院志愿者的配合下与黑龙江农垦农业职业技术学院进行了专题研讨,成为全国唯一一个以参赛团队的调研成果为中心开展的赛区专题研讨。在北京颁奖典礼上的总结致辞中,黑龙江赛区关注农业信息化这一行动,被中国互联网协会高新民副理事长列为本届大赛的参赛特点之一。

2009年5月15日 我们期待已久的大赛提前晋级的名单公布了,我们团队以东北赛区排名第二,黑龙江赛区排名第一的成绩成功晋级全国总决赛。能够晋级总决赛,最关键的首先是院系领导的支持,在此要特别感谢徐丽主任的大力支持,以及指导教师梁莹的辛勤指导,其次是我们团队的不懈努力,团队的4名队员都有较强的公关能力,所以公关工作做得很好,在复赛的阶段我们团队已经把我们的亮点营销出去了,给大赛组委会的评委和分赛区的评委留下了很好的印象。

在去北京之前我们对方案做了更为充分的准备,我们的项目是很有创意的,但是作为商业模式创新,一个是可行性问题,另一个是产品定位的问题。这些问题如何去解决,是我们去北京之前要完成的。针对这些问题,团队开会讨论了多次,每次开会徐主任和梁老师都参与,他们耐心地听取团队成员的意见,并认真地给予指导,和同学们一次又一次地攻破各种难题。在北京总决赛的前两天,指导教师和团队成员几乎整天泡在一起研究方案,平均每天只睡2~3个小时。

2009年5月22日我们踏上了进京的列车,从上车到下车我们的团队一直在讨论方案,熟悉方案,为比赛的每一个环节做着细致的准备,特别是对总决赛要展示的PPT又进行了多次修改。

答辩当天我们沉着应对,表现得非常出色。赛后在与评委江西省教育厅高教处处长南昌大学硕士生导师杜侦教授的交流中,杜侦教授是这样说的:"你们所做的实践活动和取得的成果为我们三表本科院校学生的创新实践做了很好的示范。"在北京的几天,我们除了比赛,就是想更多地和全国各院校的优秀团队做一些交流。

历时7个月的大赛,能够取得这样的成绩,我们要感谢院系各级领导的支持,感谢经济与管理系所有老师的关心和帮助,是你们一直在支持着我们,为我们出谋划策。从组织大赛到大赛结束,你们一直是我们团队坚强的后盾,你们牺牲了许多私人时间,放弃了陪伴家人,指点我们修改、完善方案,对我们的整个项目全身心地投入,为我们的奋斗鼓足干劲。

这次大赛是我们团队4个人经历的历时最长的大赛,在此期间我们有过豪言壮志,也有过低迷丧气;有过重整旗鼓,也有过意见不一,但是最终我们还是团结一致,不抛弃不放弃,拼搏到了最后。7个月的付出我们拿到的是沉甸甸的证书,但是我更愿意告诉大家我们收获的是宝贵的精神财富。从失败到成功,在这条满是荆棘的路上我们选择了,并且坚持着我们的选择,永不服输,坚持到底。今天有很多人我认为可以站在这里,可是却没有,不是因为他们不优秀,而是他们没有选择或是选择了没有坚持。同学们,为我们心中的梦想,大胆地迈出这一步吧!最后把列夫·托尔斯泰的这句名言送给大家共勉:选择你所喜欢的,爱上你所选择的。

贺经管系师生
省ERP沙盘对抗大赛获大奖

顾德库

沙盘演绎竞争锋,不见硝烟炮声隆。
胸怀商海运筹策,赛场挥洒练雏鹰。
曾赴京华登奖台,龙江高校屡称雄。
弱者刚强强本强,独立践行行自行。

二〇一〇年六月十四日

学以致用的纸桥大赛

近几年来,建筑与土木工程分院深入贯彻学院"侧重个性培养,全员成才教育"的办学理念,十分重视学生实践能力、科技创新能力的培养,结合分院自身专业的特点,于2005年3月25日创办了专业社团"摩天阁建筑协会"。协会创办以来,从2008年春季学期开始举办了纸制桥梁模型承载能力设计大赛,2009年和2010年春季学期举办了承受运动荷载的大跨度桥梁结构模型设计大赛,2011年、2012年、2013年和2014年春秋两个学期分别举办了承受静荷载的桥梁模型设计大赛,2013年和2014年秋季学期分别举办了结构设计竞赛,均收到良好的效果。

摩天阁建筑协会的会员还积极参加省级专业比赛,并屡获佳绩。在第三届"龙建杯"校园科技(工程)文化系列比赛活动(由黑龙江省教育厅、黑龙江省公路学会、黑龙江工程学院主办的校园科技(工程)文化系列活动,有哈尔滨工业大学、东北林业大学、黑龙江大学、哈尔滨理工大学、黑龙江科技大学、牡丹江大学、哈尔滨华德学院、哈尔滨石油学院、黑龙江东方学院、黑龙江工程学院共10所高校派队参赛)中,荣获二等奖2项、三等奖3项;在第四届"龙建杯"校园科技(工程)文化系列活动中荣获一等奖、二等奖各1项,三等奖3项;在第五届黑龙江省大学生结构设计竞赛(由黑龙江省教育厅高教处和黑龙江省力学学会共同主办,有来自哈尔滨工业大学、哈尔滨工程大学、哈尔滨理工大学等多所院校的近百余支代表队参加)中荣获三等奖6项和团体三等奖;在第六届黑龙江省大学生结构设计竞赛中荣获二等奖4项、三等奖2项和团体三等奖。

开展纸制桥梁结构设计大赛等赛事最大的意义就是培养学生的创新思维和动手能力。通过设计和制作模型能够解决一系列技术问题,这对于教学从理论到实践起到了积极的作用。平时书本里学的结构变形、破坏都只是停留在理论层面,而要让学生真正掌握结构设计,做个模型,就很直观了,制作的过程就检验了学生理论知识的掌握程度,很好地弥补了常规教学所欠缺的对学生动手能力的培养。因此,活动激发了同学极大的兴趣和参与激情。

历次大赛均得到了全系同学的大力支持和广泛参与,且参与人数呈上升趋势,从第一届有114人报名到第三届有295人报名参与。比赛结果也有所突破,第一届纸制桥梁模型承载能力设计大赛共有8个参赛队伍进入决赛,要求纸桥自重不能超过88克。经过紧张激烈的比赛,来自0796131班的"毅之队"以承载力84千克(目前最好纪录是89千克)的优异成绩夺得大赛冠军。第二届大赛在原来的基础上将单一的结构形式变为能够承受运动荷载的桥梁结构模型,这无疑增加了比赛的难度和科技含量。经过90分钟的激烈角逐,最后由0596301、0896131班张立斌等四名同学组成的No. one队获得了大赛的第一名,总成绩为承载力48千克。第三届大赛在前两届的基础上变为大跨度桥梁结构模型设计,提高了对同学们的动手能力和科技创新能力的要求。经过为期一个半月的报名、筹备、初赛和复赛,最后有15组参赛作品进入决赛。最后由0896111班李斌等四名同学组成的"绿色通道代表队"以总分70.13分夺得大赛冠军。

大赛不但提高了同学们的创新意识和动手能力,而且有效地加强了同学们对学好理论知识及理论与实际相结合的重要性的认识,激发了学习的热情。获得第三届大赛冠军的"绿色通道代表队"的李斌同学在谈参赛心得时说道:在比赛过程中,我们充分利用了我们所学到的理论力学、材料力学,特别是结构力学中的理论知识,并和实践相结合,知识得到了充分发挥。这两次比赛让我们真正地了解到了理论知识和实际工程的偏差,课堂里学的都是理想化模型,即使误差很小,也跟实际情况有很大的差异性。我们理解了安全系数在实际工程中的重要性,知道了在工程中把一座构筑物,如桥梁,简化成最恰当的结构模型是多么重要。在制作纸桥的初步方案中,我们紧抓主题"轻质高强",在有关混凝土的课程中我们了解到,无论是房屋建筑,还是桥梁,都要紧抓这一点。然而考虑到纸桥所承受的是运动荷载,我们又为整个纸桥的结构模型简图绘出了它的影响线。计算出哪一个最不利,或者说哪个是最大荷载截面,因而对它进行特殊处理。在制作方案中我们学会了很多工程软件，如清华大学的结构力学求解器、SP2000、CAD。特别是在制作全国大赛中的体育看台时，将每一个构件中的每一个支点、每一个立柱梁输入到软件中都是极为重要的，即使有一点的偏差都将会给整个结构带来影响，因此我们小组中的每一个成员都要将每一个支点，也就是坐标进行核对，以达到万无一失。在自己动手设计和制作模型的过程中，才知道怎样把所学的理论运用到生活实际中，碰到了问题才知道哪些知识要加强。

"谁能架索凌九霄，天堑通途亦堪豪。借力纸桥识奥秘，神州他日任画描。"这首顾德库校长在第二届承受运动荷载的大跨度桥梁结构模型设计大赛上所做的《赞纸桥大赛》诗生动地揭示了纸桥大赛的意义，它激励着建筑与土木工程学院全体师生在学以致用、实践创新的道路上不断地开拓前进。

屡获佳绩的数学建模竞赛

在当今高科技与计算机技术日益普及的社会里，高新技术的发展离不开数学的支持，没有良好的数学素养便无法实现工程技术的创新与突破。因此，要在数学教育的过程中培养学生们的数学素养，让学生们学会用数学的知识与方法去处理实际问题。全国大学生数学建模竞赛正是为了达到此目的而开展并发展起来的。

自开展了这项极富意义的活动，从2004～2014年我学院共派104支队伍参加了全国大学生数学建模竞赛及美国大学生数学建模竞赛。其中获得国际二等奖3项，国家二等奖4项、省一等奖16项、省二等奖11项、省三等奖21项、成功奖53项。成绩在同类院校中十分突出。能够取得这样好的成绩，和参赛同学的努力，教师的精心指导，学院的重视、鼓励和支持是分不开的。学院重视、鼓励学生参加各类专业竞赛，通过各类比赛，达到检验教师教学效果、提高学生的专业能力、深化学院办学理念的目的。为了提高参赛的水平，学院在每年春季学期的3月份，在同学(数学和计算机成绩优良的同学)自愿报名后，聘请专家讲课辅导，进行集中培训。根据培训的学习状况，选拔参赛人员，每年组成10个组(3人一组)参加国家组织的比赛。学院为学生参赛提供了一定的经费和计算机房练习，从培训到参赛前的准备都有老师给予精心指导。

　　数学建模竞赛屡获佳绩，不但为学院争得了荣誉，而且也大大地激励了同学们奋发向上的进取精神。我们从下面这篇曾获得2008年全国大学生数学建模竞赛二等奖的0693601班刘勤同学的心得体会中可以感受到数学建模竞赛的意义。

　　当我第一次听到"全国大学生数学建模竞赛"这个活动时，我并不知道这是怎样的一项竞赛，只知道这是一项全国性的数学竞赛。后来我才听说，这是全国"四大赛事"之一，我觉得自己在数学方面还有点儿兴趣，而且我认为参加一项适合自己的竞赛对自己会有很大的帮助，于是我决定争取机会参加这项竞赛。

　　经过自己的努力，在大二下学期我通过了学校第一轮的筛选进入了学校的数学建模竞赛小组，我当时既欣喜又兴奋。在接下来的暑假中我参加了数学建模培训，然后在9月份中旬参加了2007年的全国大学生数学建模竞赛。经过3天的奋战，我和队员由于经验不足，没有如期完成论文。但是我们并没有气馁，第一次的失败激发了我们的斗志，在2008年我们抱着再冲一把的心情，再次参加了2008年的全国大学生数学建模竞赛。可能是我们的努力加上幸运女神的眷顾，我们终于获得了2008年全国大学生数学建模竞赛国家级二等奖的好成绩。我在这儿非常感谢我的指导老师和我的队友，没有他们的帮助我是不可能获得这样的好成绩的。

　　在高兴之余，我想谈谈自己两次参加数学建模竞赛的一点儿心得体会。其实，"数学建模"也不是什么高不可攀的学问，事实上就是：应用数学去解决各类实际问题，而建立数学模型是十分关键的一步，也是十分困难的一步。模型的建立过程，即把错综复杂的实际问题简化、抽象化为合理的数学结构的过程。通过调查、收集数据资料，观察和研究实际对象的固有特征和内在规律，抓住问题的主要矛盾，建立起反映实际问题的数量关系，然后利用数学的理论和方法去分析和解决问题。当然，这需要深厚扎实的数学基础、敏锐的洞察力和想象力，以及对实际问题的浓厚兴趣和广博的知识面；另外，一些辅助的软件也是必不可少的，如Matlab、Lingo、lido、SPSS、SAS、Word排版软件等。而若要写出一份优秀的论文，三人要很好地配合，各自发挥特长，即首先做个"人力资源"的最优组合。再就是需要小组的集体精神、互励互助的精神，特别是到大家都已筋疲力尽时，这就尤为重要了。

记得我在培训开始时做的第一道是"实用下料问题"。由于没有经验，一开始我什么都不会，只看着别人在那里埋头计算、编程、检验计算。当时我心里有点儿急躁，但我明白我不可能一步登天，不会就慢慢学。虽然第一次有点儿乱，论文也写得不是很好，但我从中学到了许多东西，积累了一定的经验，为接下来的培训打下了基础。在第二次练习时，题目是"钢管订购和运输"。我们吸取上次的经验和教训，同时更加注重合作，所以这次我们的论文是相对成功的。这为后来的参赛打下了坚实的基础，树立了信心。至今我们一共写了5篇论文，分别是《实用下料问题》《钢管订购和运输》《电力市场的输电阻塞管理问题》《SARS传播控制及经济影响模型研究》《全球卫星通信系统的研究》。我们每写一次论文都在进步，每一次都有提高。我们相信自己能行！

"建模"必须有数学思想、数学思维，还要有对实际问题的数字化能力和处理能力等，这些都离不开平时的积累。而要积累首先就必须对这些有兴趣，那样才不至于把它们当作一种负担、一个任务，学起来也就不累了，反而成为一种享受。

数学，是枯燥无味，还是高深莫测，它到底是怎样的呢？我还没有明确的答案，不晓得，只知道它早已成为我生活的一部分，是我的乐趣所在。但自从有了"数学建模"，数学也就更接近于实际生活，或者说更大众化了吧。

"一分耕耘，一分收获。""天行健，君子以自强不息。""百分之九十九的汗水加上百分之一的灵感等于成功。"这些成为对我的心得的概括。

相信自己，我能行！I believe I can fly!

"温馨鸟杯""华腾"杯——我们梦想起飞的地方

服装设计与工艺系在创建了"华德霓裳"品牌的同时，为了使学生学以致用，组织学生参加了全国和省的服装设计大赛，并屡获佳绩。下面这2篇文章分别是获得东北三省"温馨鸟杯"第二届服装设计大赛银奖的0997121班的李雪梅同学和获得国家教育部教育管理信息中心主办的第九届"国教华腾杯服装创意设计大赛"第一名的1107111班的王宏蕾、耿莹、严春如写的，他们回顾了参赛的经过及从中得到的收获。

李雪梅同学在文章中写道：

2009年9月,我怀着憧憬与梦想,走进了哈尔滨工业大学华德应用技术学院。转眼间半年过去了,进入了2010年的春季学期。2010年4月,温馨鸟集团来我系宣传有关东北三省"温馨鸟杯"第二届服装设计大赛的事宜。大赛以"面向市场,引领时尚,创造一流"作为主题,以男装、女装两大项目为设计点,学院希望我系同学积极参加。由于我的画画功底并不太好,因此只抱着试试看的想法递交了自己设计的作品。选上了更好,如果选不上,参赛至少可以锻炼自己。

2010年5月,温馨鸟集团带来喜讯,我的作品在参赛的975幅作品中幸运入围前30名。接下来我需要做的就是把设计图制作成成衣,决赛时进行模特走秀。当时的心情真是喜忧参半,喜的是我入围进入了决赛,忧的是我的工艺水平有限,做出成衣有很大困难。所以心里有些矛盾,是前进,还是后退,我很犹豫。刚开始的时候,我想自己来打版,和同班同学一起制作完成,可是我错了,因为我们入学时间短,工艺水平都有限,其中有些问题我们很难独立解决。一周的时间过去了,我还在起点,什么都没有做成。由于压力真的很大,我灰心了,自己也失望了,我真的好想打退堂鼓。但这时系老师鼓励我,给予我继续下去的信心,我的心里才有了前进的勇气。我知道,能入围就已经很棒了,名次不重要,重要的是我经历过,我会在这次的比赛中慢慢成长。而且,这也不仅仅是我自己的事情,这也是我系的荣誉,我必须坚持到底。

2010年6月上旬,我的成衣制作开始了。当然,不是我自己完成的,而是得到了系里老师的指导、同学的帮助,尤其是得到了我的大四学长肖明达的无私帮助。在制作期间日子是非常难熬的。六月的夏天,天气炎热,我院的条件有限,工艺室里没有风扇,也没有空调。白天我们需要上课,只能利用晚上和双休日去工艺室制作成衣。有时我的心情极其烦躁,情绪化特别严重。但是,我不能后退。为了这次的锻炼机会,我必须坚持到底。一个月的时间过去了,到了7月的上旬,4套服装基本完成了。有服装,就要有饰品(鞋、腰带、耳环及项链),看似很简单,搭配起来也是十分不容易的,毕竟强调的是系列感。还好有我的责任教师徐珊珊老师及宋杨老师的指导帮助,她们牺牲周末的休息时间,陪我购买搭配需要的饰品。这使我的心里放松了许多,同时也给予了我很大的安慰,这段既烦恼又忙碌的日子令我永生难忘。

  2010年7月10日,我接到了温馨鸟集团的通知,需要准备自我介绍以及展示作品的VCR。我没有做过,不知从何处下手做。正在犯愁之时,得到了王湘涛老师的指导和帮助。他向学院申请要来设备和人员,帮助我成功地完成了录制,并且我第一次光荣地上了吉林电视台公共频道。

  时间飞逝,2010年7月23日下午2点,由吉林、辽宁、黑龙江三省教育厅,中国服装协会及温馨鸟集团联合举办的"温馨鸟杯"第二届服装设计大赛在吉林广电中心1 500平方米的演播大厅开赛。大赛邀请到了中国纺织出版社的党委书记兼社长迟宗君、中国服装协会的秘书长王茁、中国服装设计师协会时装艺术委员会的主任赵卫国、中国服装设计师协会时装艺术委员会主任委员武学伟、辽宁省服装设计师协会会长王翀、吉林省服装协会会长孙广昌、黑龙江省艺术设计协会执行会长张震甫担任评委。毕竟是东北三省的服装设计大赛,男装、女装、晚礼三个系列共有100余件作品,或时尚另类,或大气庄重,或优雅端庄,一场服饰盛宴,聚光灯下耀献春城。看着模特一轮又一轮地上场、退场,我当时有点儿紧张,也有些激动。晚礼服展示结束后,接着就是温馨鸟的秋冬发布会。之后,激动人心的时刻到了,我们来到了后台后场,准备上台领奖。首先为学院颁奖,我院获最佳组织奖。一轮又一轮的颁奖继续着,心里也平静了许多。当主持人念到女装银奖是八号作品《灵动》,来自哈尔滨工业大学华德应用技术学院,作者是李雪梅时,我的心情是无法用言语形容的,兴奋不已。就这样,伴随着激动的心情,东北三省的"温馨鸟杯"第二届服装设计大赛圆满落幕。

  比赛结束了,它给我带来的不仅仅是荣誉,还有成功时的欢笑和失意时的泪水,还有同学间、师生间宝贵的情谊。银奖,尽管是以我个人名义获得的,但我深知这里有学院的支持、老师的指导、同学的帮助,没有他们的帮助我是不可能获得的。如今比赛已过去一年多了,但激情澎湃的日子永远不会过去,美好的记忆永远藏在我的心里。我将以这些美好的记忆作为动力,去努力学习,努力创新!

  王宏蕾、耿莹、严春如在文章中写道:

  2014年12月,现在想起这个日期,我们还是很激动。那天,陈洁老师组织我们参加了国家教育部教育管理信息化中心主办的第九届"国教华腾杯服装创意设计大赛"。

我们同学三人组建了团队，做了精心准备。经过初赛、复赛和决赛的层层选拔后，我们团队有幸入围全国七十强，对此我们倍感荣幸。在数天的激烈比赛中，我们团队稳定地发挥了自己的实力，我们的作品《霾不住》荣获了一等奖。作为参赛选手，我们经历了此次比赛的全过程，在此谈谈我们参加这次比赛的感受和体会。

在比赛初期，我们团队各有分工，分别承担设计、成衣制作，以及PPT的构想与策划工作。在设计方面，我们仔细推敲，一遍又一遍地修改设计稿。也许是对比赛太重视，总觉得不够完美，没有表达出想要的效果。经过一个星期的深思熟虑，最后在陈洁老师的帮助下，我们终于完美定稿。在成衣制作时，也是困难重重，板型总是不理想，却又找不到好的办法。我们就和老师一同查阅资料，翻阅书籍，反复实验，最后终于成型。在PPT的构想与策划阶段，我们尽一切所能搜集资料，整理、策划。还通过市场调查，了解目标人群现在的需求。虽然准备充分，但心里还是不免紧张。老师不断地给我们信心，帮助我们释放压力，才使我们能够不骄不躁，稳定发挥。

从备战到比赛，我们一路走到最后，取得了优异的成绩。首先，从初赛开始，学校就非常重视，给我们提供了各种条件。指导老师陈洁业务精湛，认真负责，精心指导。我们参加大赛的目的明确，我们有幸参加这次大赛，可以不断地学习，提高我们的职业技术水平，对我们来说，这是一次在大舞台上跳舞的好机会。其次，此次大赛是一次系统学习与提高的机会。通过这次技能大赛，我们的专业水平有了一个很大的飞跃，在决赛演示PPT时，来自不同地方的优秀参赛者，都拼尽全力地演示、说明，评委老师犀利地提问，参赛者都从容地回答，我受益匪浅。再次，此次大赛是一次理论与实践紧密结合的竞赛。大赛充分体现了选拔复合型技术人才的要求。竞赛以实际操作为重头戏，与生活紧密结合，同时重视对理论知识的理解。最后，此次大赛也是一次团结协作、互帮互助的竞赛。这次取得的成功来自整个集体的团结协作，在竞赛的准备过程中，我们也是团结作战，发挥个体优势，发现问题互相提醒，经常交流体会，互相考核，做到了互促互帮、共同成长。正是有了以上较为扎实到位的准备工作，我们才能在这次比赛中厚积薄发。通过此次大赛我们发现，不光要树立正确的目标，还要有想法、有追求、有好学上进的精神。仅满足于书本上的知识，那是远远不够的。所以，我们要让学习成为一种习惯，在学习的基础上开拓创新，将自己作为自己的目标，提升自己，超越自己，不管做什么，都要让它成为精品，不愧对于自己。每个人都有自己的梦想，都有自己的目标，但所有的梦想和目标都要靠实际行动来实现，高调做人，踏实做事，愉快地迎接每一次的挑战。

此次比赛，我们经历了学习、奋斗、收获的全过程，体会了通过努力使自己的专业技术水平进一步提高,直至取得优异成绩的最高享受。这是一次成功的比赛。无论从哪个层面,从哪个角度看,都会得出这样的结果。作为参赛选手,我们非常感谢此次比赛的发起者、组织者、协助者,是他们的高瞻远瞩和辛勤工作让我们有了一次自我提高、学习成长的好机会,有了一个展示自己的大舞台;我们感谢学校对我们的支持和帮助,也非常感谢陈洁老师的细心指导。同时,在此感谢一同参加比赛的队友,是大家齐心的合作才赢得了优异的奖项和阵阵的喝彩声。

在冰雪中彰显青春本色

"华德雪艺"品牌的创建为艺术与传媒学院找到了一条理论教学与社会实践、学生综合素质培养相结合的有效途径。冰雪雕比赛不仅检验了理论教学水平、学生的实践创新能力,也是对学生意志力和团队协作精神的考验。因此,学校和艺术与传媒学院都十分重视并积极组织学生参加各种冰雪雕比赛,在比赛中锻炼、培养我们的学生。下面这篇文章是获得第十一届黑龙江省雪雕比赛一等奖的0994112班王珊同学写的参赛体会,从中我们可以体会到"华德雪艺"的魅力。

十二月的清晨是"凉爽"的,我们团队五人(包含两名指导教师)迎着朝霞向赛区行进。今年的圣诞节对于我来说尤为快乐,因为我收到了一份完美的礼物:与美丽的冰城哈尔滨有个盛大的约会——参加第十一届黑龙江省雪雕比赛。

参加雪雕比赛是我的一个愿望。大学一年级时我的冰雕作品有幸被选中,我参加了大学生冰雕比赛,并取得了不错的成绩。从那一刻起,我就决心第二年一定要参加雪雕比赛。冰雪是北方的象征,能参加冰雪雕比赛是一项荣誉。我作为环境艺术系装潢专业的学生，参加雪雕比赛不仅仅是对我所学专业的测评，更是对我个人综合素质的测评。在零下三十几摄氏度的气候条件下进行的雪雕比赛中，要创造出一件能打动人心的惟妙惟肖的雪雕作品，不但要有很强的立体敏锐度与创新的素质，而且需要很强的意志力与自信心。为了能够参加比赛，大学二年级以来我在不间断地浏览着网络上优秀的冰雪雕作品，来拓宽自己在冰雪雕方面的眼界。我每天清晨起床去体育场慢跑，增强自己的抵抗力，为参赛做准备。系里通知可以投稿时我很兴奋，因为参加比赛这个想法早已在心里生根发芽。于是，在短时间内我设计了很多的方案，虽说最后我的作品没被选中，但也许就是因为我对这件事的热情打动了老师，我成功地被选为哈尔滨工业大学华德应用技术学院参加本次比赛的成员中的一员。

参赛的前两天我们要用可塑泥将平面的稿件塑成立体模型，因为稿件是平面的，它只将作品最精彩的一面展现给了大家，然而我们还需要将每个面都塑造出来以便于在现场雕刻。不要看轻这个小小的模型，这可是要有很强的想象力和创造力才能将它塑造好的，也就是说我们要将其他看不见的四个面生动地展现在这个模型上面。我们用了整整一天的时间，经过反复的探讨与推敲才将整个模型展现在眼前，并将其命名为《生命启示录》。这个名字的由来是作品的主体部分是原始的生物"孢子"，因为有了这些原始的生物才有了大千世界各不相同的事物。

2010年12月24日，哈尔滨华德学院雪雕比赛代表队抵达了太阳岛公园，参加"第十一届黑龙江省雪雕比赛"。参加完开幕式，我们来到了比赛的具体场地。昂起头看着这么庞大的一个立方体雪块我有些灰心，心里想着这么大的一个东西只用两天的时间将其变得通透、生动，似乎很困难。老师似乎看出了我的心思，给我加油鼓劲，让我找回了自信心。开幕式结束已经下午了，第一天我们的任务就是先塑造出大体形状，就像我们在做一个立体石膏头像一样，将大体形象塑造出来，然后才能进行细部的刻画。我们分工明确，清雪的任务压在了两名男同学的肩上，而作为女生的我也没闲着，帮他们递工具、运雪块是我的任务。第一天的傍晚，其他队伍早已离开，我们还在进行中，直到什么也看不见了才收拾工具往学校返，然而我们却没有丝毫的怨言。第二天天刚放亮，我们就又起程了。我们的任务是将整个雪块打理好。不仅要刻画作品，与此同时我们还要把从上面落下的雪清理干净，因为天气太冷，如果不清理掉就会马上冻在上面，会给比赛添加更多的负担。第三天的上午我成为主角，因为作品的整体效果已经达成，细节部分都是我的任务，作品身上的肌理花纹以及植物的叶子、动物的舌头这些细节的部分都将由我来完成。在这艰巨的任务面前我并没有退缩，因为我们是一个整体的团队，看到大家把各自的任务完成得如此漂亮我也不甘落后。眼前这3 m×3 m×3 m庞大的雪块在我们的精雕细琢下变得生动活泼,如同赋予了灵魂般可爱。我想,这件雪雕作品一定会是太阳岛风景区最为亮丽的风景之一,因为它包含了我们的艰辛与奋斗。当天下午进行了评比,从评委的脸上我看到了满意的笑容。

　　奋斗了三天,我们集体的努力得到了最好的回报,在这三十余支高校的参赛队伍中,我们哈尔滨华德学院代表队最终脱颖而出,成功地拿到了本次大学生雪雕比赛的一等奖。老师派我去领取奖杯和证书,我真的很激动,从组委会拿到奖杯的那一刻我的眼角是湿润的,原来为学院争得荣誉是如此的让人开心,原来实现自己的愿望是那么的令人满足。如果明年再给我机会参加比赛,我依然会选择作为哈尔滨华德学院的一名普通队员。因为在这里,各校的大学生齐聚一堂,创新竞技,各自彰显着青春的本色。

第四篇　社会实践篇

2004年,中共中央、国务院在《关于进一步加强和改进大学生思想政治教育的意见》中指出:"要坚持政治理论教育与社会实践相结合,既搞好课堂教育,又注重引导大学生深入社会、了解社会、服务社会,要坚持解决思想问题与解决实际问题相结合。"2005年,共青团中央、全国学联下发的《关于进一步加强和改进大学生社会实践的意见》中提出:"大学生参加社会实践,了解社会、认识国情,增长才干、奉献社会,锻炼毅力、培养品格,对于加深对邓小平理论和'三个代表'重要思想的理解,深化对党的路线方针政策的认识,坚定在中国共产党领导下,走中国特色社会主义道路,实现中华民族伟大复兴的共同理想和信念,增强历史使命感和社会责任感,具有不可替代的重要作用,对于培养中国特色社会主义事业的合格建设者和可靠接班人具有极其重要的意义。"

根据中共中央、国务院、共青团中央、全国学联上述文件的精神和要求,我学院利用校企合作办学和"哈洽会"的平台,利用"十一"长假组织学生进行了以"改革开放以来家乡发展变化"为主题的社会调查实践活动;特别是借助于"志愿者"的形式,通过志愿服务的途径了解了社会、服务了社会。通过这些社会实践活动,同学们获得了知识,得到了锻炼。下面的几篇总结文章、社会调查实践报告真实地反映了参加社会实践活动给同学们的成长成才所带来的作用和帮助。

学以致用,融入社会

——记外语学院在"哈洽会"的实践活动

外语学院 2009 年以来以哈洽会(中国哈尔滨国际经济贸易洽谈会,2014 年起更名为中国-俄罗斯博览会)作为社会实践的实训基地。我们在这块实践基地上不断巩固已建立的企业与学生的合约式合作关系,积极创建新的合作关系,建立了合作企业资源库,每年自哈洽会筹备期起,主动联系企业,达成了长期稳定的合作关系,力争在参展企业中创出口碑,创出品牌。哈洽会的社会实践活动,达到了我们教育与锻炼学生的目的,帮助学生将学到的知识与专业技能学以致用。同时,使学生看到了自己和社会需要之间的差距,看到了自身知识和能力上存在的不足,比较客观地去重新认识、评价自我,逐渐摆正个人在社会中的位置,使他们能够潜心思考自身的发展问题,不断地去提高自身素质和能力,以适应社会发展的需要。

下面是两位参加过哈洽会社会实践的学生写的实践报告,从一个侧面向我们展示了:他们是怎样进行实践的?怎样找到实践岗位的?在实践过程中发生了怎样的故事?通过实践他们又获得了什么?

1106211 班的王群杰同学在其实践报告中就这样写道:时光飞逝,转眼间 5 天的中国-俄罗斯博览会实习过去了,更准确地说是 7 天。虽然说这 7 天我们没有在学校上课,但是这短短的 7 天让我们学到了很多在学校里学不到的东西。

6 月 13 日我和几位同学早早起床,坐公交,几经辗转来到了会展中心。当我们快走到正门的时候我们的困难来了,门口有武警检查证件,无证者不准入内。在这些困难面前我没有丝毫退缩,因为困难是挡不住渴望锻炼的我的,我也知道想要证明自己的第一步已经来了。站在原地整理了一下自己的情绪,便向会场正门走去。当武警检查到我的时候我从容不迫地说自己是参展商,说自己的证件在馆内,并说了自己所在区域的展位。我说现在非常急,武警看了看我焦急的表情便给我通融了一下允许我进去了。我突然听到后面有同学想进来却被阻拦的声音,这时我想起了动员会上老师特意嘱咐我们的话:进入会场的同学要帮助没进入会场的同学。当时的情况下也没有其他办法,我只好跟武警说明情况,就这样我们都进去了。

进入会场后我们分工明确,两人一个小组,手机开机保持联系,女生带着男生,分布在各个展区。我和另一位同学一组,我俩在一起简单讨论了一下该怎么找。由于我们的竞争对手很多都是来自各个学校的实习生,简单地分析过后,我们决定去展厅B区,因为那里人少。进入B区后,我们没有浪费任何时间,见到参展商我们就很有礼貌地进行询问。有的商家留下了我们的号码,说到时候再联系;有的干脆婉言拒绝,但这没有打败我们积极的心态。我们来到了泰国展厅,语言不通加大了我们找工作的难度。机会总是留给有准备的人的,终于我们遇到了一位会讲汉语的泰国老板。自我介绍与自我推荐后,这位老板终于聘用了我们。自己的工作落实了,这不过是一个开始,我们还有许多同学没有找到工作。我们的老板是泰国人,但同时会讲汉语,经过他的帮助我的许多同学都找到了工作。确定下来工作后,忙碌的准备工作开始了,我们协助自己的老板进行商品陈设。我所销售的是泰国手镯,布置完展厅,再拿着一个个手镯将它们摆设好后已经是下午6点了,等拖着疲惫的身躯坐车回到学校已经晚上9点多了。经过一天的劳累,我们洗漱完就早早地休息了。有时间我们就在寝室查阅大量与手镯有关的单词与句子,快速进行记忆,一天天就这么匆匆忙忙地过去了。

6月30日中国-俄罗斯博览会正式开始,刚开展就来了一位俄罗斯人。以前曾和俄罗斯人接触过,我自然而然地走上去进行交谈,介绍我们的商品。如我所愿,老板做的第一笔生意就是我把商品卖给了俄罗斯人,同时这也给了我一个小小的激励。上午9点钟过后购物的人变得多了,我们的工作很忙碌。在销售的过程中,我们碰到了许多问题,还有各种人群,这些困难带给我们的不是压力而是经验。这一天里我们相继和俄罗斯人、美国人、泰国人、韩国人、印度人,还有日本人接触过,我们过得很充实,我们也学会了许多东西。下午5点多我们坐车回学校,在车上很多同学由于站了一天而疲惫地睡着了。而我看着他们入睡,自己却睡不着,思考了很多,同时也总结了自己一天的收获。在沉思中我们到学校了。下车的一刻我感觉自己的双腿犹如灌了铅一样沉重。拖着疲惫的身躯,我机械地完成了吃饭、洗漱、上床睡觉这些动作,那一晚我睡得真的很香。

在接下来的4天里,我们一天比一天忙碌,同时我们也建立了自己的人际关系,学到了老板的处事经验。总之在这4天里我们学到了很多,说得再通俗点,我们学会了怎样卖货。同时,通过这次实习,我们的内心也成熟了许多。5 天的博览会结束了,我们分享了各自不同的苦与乐,这几天我们收获了许多,也知道了踏入社会后付出与回报是成正比的,只有努力才会成功。

1106211 班迟庆贤同学这样写道:中国-俄罗斯博览会的实习对我来说已经不再陌生,以前它的名字叫哈洽会。我一直想利用这样的机会来锻炼自己,使自己适应社会,这也是我一直想去体验的生活。由于已经参加过一次,因此这次更让我期待,我想证明自己,弥补从前的不足。

很快就到了实习的日子,周围很多同学今年都不用继续找工作,因为可以去去年的展商那里,而我不能,因为去年的老板今年没有参加。第一天我们几个人一起去找工作,很难,都只是待定。虽然参加过,但过程依旧很艰难。起初大家一起找工作,但后来我发现这样更难,所以我决定和同学们分开找。一次次碰壁,一次次被拒绝,突然发现自己的脸上不再有羞涩,而是微笑地询问着走了一天。同学们几乎都找到了工作,虽然我也找到了,但是并不理想,因为我觉得这个工作并不能锻炼我,所以我尝试着找可以更加锻炼自己的工作。因为怕从展馆出去后进不来,所以我和几个同学没有吃午饭,而是在展馆继续询问。下午 3 点多的时候我们最终找到了满意的工作,虽然疲惫,但是仍旧很开心,所以回来的时候,我们一起吃饭庆祝。

在实习的这几天里,自己每天都很忙。每天对着不同的面孔重复着产品的介绍,形形色色的人出现在展会里。因为每天老板会根据每个人的销售情况发奖金,所以我们都很卖力地工作。人少时老板也会给我们讲关于销售的事,怎么样让客户认同自己的产品,我们也真正地学到了很多东西。第一天结束后,老板还向我们征询了关于东北什么产品销售得更好的问题,我们很积极地讨论,并把方案告诉了老板,老板同意了,而且卖得也很好,所以我们的奖金一天一天地在增多,我们也越来越有信心了。但是有个同学可能对销售不是很在行,所以销售量一直不好,奖金会比其他人少。这让我们意识到了,老板看的不是你有多努力,而是看你有没有这个实力。虽然在学校学习了很多专业知识,但是我发现还要学习很多课外的东西才能融入社会,才会在将来找工作的时候有所准备。

在第一天回来的路上,同学们都很疲惫,拖着肿胀的腿、酸麻的脚走在路上,但是我们都很开心。在刚上车的时候大家都说说笑笑,讲述着自己的工作和有趣的事,但是过了几分钟后,大部分的同学就坐着睡着了,因为太累了,起得早,又站一天。到了宿舍,每个人都是吃点儿东西,洗漱完,躺下就睡着了,但这一天过得很充实。

时间过得很快,转眼实习就结束了。虽然有过害怕,怕因为今年的展馆少,自己真的找不到工作。可是,正是找工作时的挫折加快了我的成长。一次次的碰壁让我知道了,想要有个好工作,想要尽快地融入这个社会,必须放下面子,学会微笑,坚持走下去才可以。记得去年有同学说过,如果说学校是接受知识的殿堂,那么社会就是运用知识解决实际问题的地方。通过这几天的实习,我反思了自己的很多问题。这次实习是我很宝贵的经历,因为很少有机会去实习。或许毕业工作以后想到这次实习会觉得很好笑,觉得自己很幼稚,但是我很知足。从前不觉得挣钱有多难,所以胡乱地挥霍着父母辛苦挣来的钱,但是实习之后,我懂得了家人挣钱的不容易。自己这么年轻都还这么累,更何况父母。我终于知道,他们在工作时承受着多么大的压力,为了我,又是怎样辛苦,在怎样付出。

我很感激学校安排的这次实习,让我学会了很多。我想以后工作了还是会想起自己实习的时候,因为这是很宝贵的回忆。我很感激实习时候的老板,他们教会了我很多,也让我认识到了要怎样做才能快速地融入社会。

2014年10月,我校经济管理学院正式与致同会计师事务所签订了校企合作协议,并选派了5名财务管理专业的优秀学子进入该事务所进行为期4个月的顶岗实习。实习期间,他们接受了严格的专业训练,分别在北京、上海、包头、宁波等地进行年审等业务,接触的大多是如包钢集团、上海宝钢集团等这种大型上市公司……在4个月的实习中,他们收获了许多。下面这篇文章是参加实习的赵新宇同学写的,生动地记录了他们实习的全过程和得到的收获。

圆梦的起点

——经济管理学院1205511班　赵新宇

2014年,在一个大雪纷飞的日子,我们一行五人——财务管理专业大四学生周阳,财务管理专业大三学生王夺、程琪、韩杨和我,带着学校的嘱托,带着信心和热情,迈出了走向社会的第一步。

我们去的是一家会计师事务所,它的名字是致同,做的工作是审计等。该事务所始建于1981年,是中国本土执业最早的大规模综合性事务所之一,总部设在北京,在成都、广州、南京、上海以及香港等地都设有分所。我们前往的实习地点就是致同会计师事务所黑龙江分所。

实习之初,我们接受了面试与相关的业务培训。面试的内容包含会计知识的各个方面,以基础会计、财经法规为主,例如科目对应,资产中的流动资产有哪些,税务的分配与计算,等等。负责培训我们的是事务所的项目经理,不止1名,且都是注册会计师,他们教会了我们许多业务知识。在培训阶段,我们每天起早贪黑地训练,有时一天只能吃上一顿饭,感觉十分辛苦,偶尔也会想到放弃,可我们还是坚持了下来。因为一想到我们代表的是学校,代表的是经济管理学院,代表的是全体华德学子,我们就浑身充满了干劲,因为我们决不能给华德学院丢脸!

12月中旬,我们通过不懈的努力,终于圆满完成了所有的培训,开始接触事务所的实际业务。在项目组长的带领下,我们去往不同的地方,去往不同的企业,各自承担着不同的项目。

我接触的第一个项目是和程琪同学一起到内蒙古包头,到"包钢集团"进行盘点。学会计的我们都知道盘点的意思,可怎么盘点,怎么计算,怎么写盘点报告,都是需要学习的。也是在这里,我第一次见到了蒙古包,第一次知道了马奶酒的含义,第一次爬了矿山,看了精矿粉,看了钢板……

因为事务所的项目非常多,之后我们就被派往了其他地方进行实习工作。程琪同学参与了"包钢集团"的年审,王夺同学去的是北京,他的项目是"北京亿阳"年审,之后还去了长沙。由于王夺在实习期间表现出色,他以实习生的身份做了一个项目的负责人,这在事务所的历史上也是没有出现过的。韩杨同学在包头、哈尔滨等地的企业进行实习工作。

年审,很不轻松,我们每人天天面对着电脑,用Word、Excel、久其,还有其他许多专业的软件进行工作。入账海、爬账山,对着电脑一坐就是一天。与企业、银行不停地沟通、核对。周阳学姐,我后来与她相遇便是在上海参与"上海宝钢集团"的年审工作。该公司为上市公司,由于业务非常多,因此我们的工作小组就分为6组,其中注册会计师有9人。每组又负责七八个事业部或分公司。我们组负责2个事业部,7家分公司。经过自己的努力,我还参与了"BAOSTEEL"年终汇总的工作,很辛苦,但很值得。虽然过年都没能在家待上一周,经常会有熬夜到一两点的时候,半夜也会接到工作电话,但这段经历对我来说是弥足珍贵的,更是我人生的一笔宝贵财富。

  实习期间,我们各自的压力都很大,同我们一起工作的很多人都是名牌大学的精英,并且年轻的注册会计师很多,包括硕士研究生、博士研究生,也有许多经验丰富的审计人员。但是,我们都没有丧失信心。我们更加努力,为的就是做得更好,因为有哈尔滨华德学院做我们的后盾。

  由于我们的勤奋、努力,事务所的负责人高度赞扬了我们,对华德学院的学生留下了很好的印象。其中周阳学姐,通过她自己的努力和出色的表现,已被致同会计师事务所签约为正式员工。所长对我们说,我们四人虽然还没毕业,但寒暑假,只要有时间,随时欢迎我们去学习。同时他也对华德学院产生了浓厚的兴趣,问我们在校的学习情况,经济管理学院都有哪些课程、实训等。

  经过这段实习期,同行的同学各自都有了很大的进步,最重要的是我们开阔了视野,建立了自信。在校学习时,我们不知道自己有多大的潜能,曾以为毕业后我们能做的就是会计、出纳等较简单的工作。其实不然,以后很多工作的大门都会为我们敞开,例如我们实习做的审计,还有证券、股票、理财规划、资产评估师等等行业及岗位都在等着我们。通过此次的实习,我对就业有了重新的认识,也极大地增强了自信心。

  短短4个月的定岗实习结束了,千言万语道不尽我们对华德的感恩,是学校为我们创造了大三就可以出去实习的机会。这4个月对我来说,是期待,更是煎熬;是盼望,更是劳累;是辛苦,更是收获;是汗水,更是微笑;是一生的宝贵财富,更是圆梦的起点。

受教育　增知识　长才干

——记建筑与土木工程学院"三下乡"活动

  2012年7月12日哈尔滨华德学院建筑与土木工程学院28名师生赴黑龙江省哈尔滨市松北区乐业镇裕林村光大苗木花卉基地参加以"关注农村,开展大学生服务新农村建设活动"为主题的社会实践"三下乡"活动。

这次"三下乡"活动的主要目的就是在学习之余,锻炼大学生的意志,提高大学生的思想觉悟。关注农村,开展具有大学生自己特色的社会实践活动。

12日上午9点,建筑与土木工程学院在团总支书记杨俊杰老师和11级辅导员李滨老师的带领下准时在学院集合,同学们带着强烈的好奇心和期待之情坐着校车出发了。乐业镇离学院并不是很远,同学们在欢声笑语中很快就到达了目的地,受到了裕林村村委会书记朱连友的热情接待。

在裕林村村委会书记的带领下,同学们去的第一站便是裕林村的花卉基地。乡下的空气格外清新,大家参观了花卉基地的种花大棚。花卉基地上依次排列着十几个大棚,这些大棚从外观上看去很先进。一进入花棚,同学们便被震惊了,花棚里有着品种繁多的花,里面各种颜色、不同品种的花数不胜数。村委会书记为同学们一一讲解了这些花的开放周期和开放特点,还普及了扦插技术等一些知识。村委会书记还告诉同学们这个花卉基地的主人从2000年白手起家,通过自己的摸爬滚打才渐渐有了现在的家业,基地总投资1 000余万元,是一家集草本花卉、宿根花卉、球根花卉、水生花卉和各种规格的乔灌木的种植、销售为一体的民营企业。基地总面积1 000余亩,草本花卉种植区拥有节能温室3栋,大棚20栋,年供应花草20几个品种100余万盆,宿根花卉种植区占地200余亩,种植东北三省的耐寒花卉50几个品种2 000余万株,乔灌木种植区占地500余亩,同时年供应优质草坪10万平方米。这可谓是真正的自主创业,基地主人成了同学们学习的榜样。虽然他只有初中的文化水平,但那股子冲劲和坚持是值得大学生学习的。之后,同学们又在老师的带领下亲自动手实践了花棚钢筋的捆扎,看似简简单单的事情,但是大家做起来还是非常困难,顿时感觉到劳动人民真是最辛苦的啊。看到在苗圃中挥汗的农民,才明白了书桌的重量,一种强烈的责任感油然而生,同学们应该用所学的知识去回报社会。

告别了美丽的花卉基地,同学们又到了第二站——乡下的田间,同学们在几位有经验的师傅的带领下摘了满满一筐的香瓜。大家就地体验了劳动的快乐,也得到了劳动的果实。虽然有的瓜不是很甜,但大家站在瓜地旁现摘现吃的那一股乡村气息却让我们无比快乐、惬意!

告别了田间，大家在一个阴凉的地方开始了休息，惬意地谈着上午的种种见闻和感受。虽然天气有些热，但大家却激情满满，我们感受最多的就是收获了那份劳作的快乐和那份乡间的宁静。

最后一站地，同学们直接来到了裕林村村委会办公室。裕林村村委会办公室非常简陋、朴素，村书记还不好意思地和同学们说请见谅。但当他说起他带领的裕林村时，却十分骄傲，他说："别看我们的村委会破，别看我的办公室破，但我敢保证，我们村任何村民的家都比我的办公室好，都比我家好。"在村委会简单的办公室的一面墙上挂满了各种奖状，有"农村文明先进村""文明村"等诸多文明称号，这不正是这位村委会书记这些年来勤政为民、造福一方百姓的真实写照吗？村委会书记的一句话最让同学们记忆深刻："一个官，不要想着怎么去当官，应该先想着怎么去做人，会做人了就会做事了，会做事了才能当好一个官。做什么都好，但是要记住，要带动身边的人和你一起做。"这足以看出，在村委会书记廉洁自律精神的影响下，村民们享受到了新农村建设带给他们的好处和快乐。一个攀上附下的官是失败的，只有能做好人、能做好事，为村民、为下属着想的官才能真正担当得起这个"官"字！村委会书记还跟同学们说了许多的话，他说："现在是社会主义新农村，农村再也不是以前的农村了。以前认为农民最落后，现在在新农村行行出状元，农民的生活不比城里的差。"

是啊，这次来到裕林村真是让所有人都大开眼界，这次的活动更让大家认识到了理论和实践的关系，对它们的关系同学们又有了新的体会和见解。实践是理论知识应用和拓展的最佳平台,真理是要靠实践才能获得的,实践才能出真知,今天的社会实践就是明天的生活经验。通过在大学的学习,我们要尽快地成为对现代化建设有用的人才,适应社会的需要。那么,在学习期间,我们就要积极参加各种社会实践活动,认识社会,认识自己在社会中的位置,明确自己的历史使命,激发自己的学习热情,调整和完善自己的知识结构,战胜各种困难和挫折,锻炼意志和毅力,为适应以后的工作做一定的准备。

为了响应共青团中央实施中国青年志愿者行动的号召,我们学院于2004年3月5日成立了"常青藤"志愿者服务队。截至2015年,"常青藤"志愿者服务队成立11年来,在学院党委的正确领导和学工处、团委的精心组织下,不但队伍得到了发展,而且志愿服务的形式呈现出多样化和常态化。

各分院都成立了志愿者协会,建立了志愿服务基地,例如:电信学院建立了呼兰区师大社区、呼兰区顺迈社区志愿服务基地。建筑与土木工程学院建立了哈尔滨市爱心老年公寓志愿服务基地、黑龙江省美术馆志愿服务基地。机电与汽车工程学院建立了省孤儿职业技术学校志愿服务基地、哈尔滨市烈士陵园志愿服务基地、高丽托老所"哈尔滨华德学院敬老爱老志愿服务基地"等。志愿者们本着"奉献、友爱、互助、进步"的志愿精神,几乎每周都到志愿服务基地进行志愿服务活动,使志愿服务常态化。同时,志愿服务形式也是多样化的。仅2014年秋季学期就对校内外分别选派志愿者百余人次,开展了志愿者萧红故居参观,扶贫日、国际志愿者日宣传活动等,以及"敬老月"尊老爱老的系列活动等,共计开展志愿服务活动49次,并配合黑龙江省血液中心组织志愿者开展了无偿献血活动。2014级迎新工作中,向保卫处、财务处、宣传处等部门输送了学生志愿者76人,参与服务工作129人次,出色地完成了迎新期间的各项工作。志愿活动不但使志愿者奉献了爱心,服务于社会,而且锻炼了自我。下面这3篇文章记录了我校部分志愿者近年来的志愿活动及参加志愿活动得到的锻炼和收获。

奉献爱心,服务社会,锻炼自我

——"常青藤"志愿者服务队志愿者0995111班 张拓

我是华德学院09级的一名学生,刚来到学校不久,就加入了"常青藤"志愿者服务队,转眼间我已经是大二的学生了,参加志愿服务也快2年了。2年中,我参加了许多校内外的志愿服务,在这些志愿服务中,我经受了锻炼,从中学到了许多书本上学不到的知识,也让我对志愿者有了新的认识。

志愿者是指志愿贡献个人的时间及精力,在不为任何物质报酬的情况下,为改善社会服务、促进社会进步而提供服务的人。参与志愿工作既是"助人",亦是"自助";既"乐人",同时也"乐己"。我院"常青藤"志愿者服务队为了响应共青团中央决定实施中国青年志愿者行动的号召,于2004年3月5日正式成立。"常青藤"志愿者服务队在学院的正确领导以及学工处、团委的精心组织下,取得了可观的成绩。

记得我第一次参加的志愿服务是清理校园里的落叶。北方的秋天天气不是很温暖,但是志愿者们的热情都非常高涨,任务完成得非常迅速,并且圆满。因为志愿者们都有一个共同的目标,就是为同学服务,为大家服务。虽然当天中午有很多志愿者都没有吃到饭,但是,看到我们的校园在自己的努力下变得更加整洁,我们的成就感在心中油然而生,我们为自己的劳动成果而感到高兴。我们在学院内组织的活动还有很多,例如:清理校园小广告、清理校园积雪、义务维修小家电活动、世界地球日签名活动、为食堂工人捐款献爱心活动……在这些活动中,涌现出很多优秀的志愿者,他们在志愿服务时,不怕累,不怕脏,不怕吃苦,不怕麻烦,没有一句怨言,只是默默地履行着志愿者的职责。有些志愿者参加活动时因患感冒身体不适,但仍然坚持做完志愿活动。看到他人在我们的帮助下变得更加快乐,更加幸福,我们就觉得自己付出的一切都是值得的,哪怕我们再辛苦,也都无所谓。

爱是没有界限的,我们的志愿活动也没有局限在校内。学院自2004年成立了"常青藤"志愿者服务队以来,多次组织校内外的志愿服务,我们志愿者的足迹遍布哈尔滨市,我们的志愿者服务队坚持深入社区、敬老院、哈尔滨火车站、东北烈士纪念馆、侵华日军第七三一部队遗址、黑龙江省博物馆、学院附近的裕民小学、江北小博士幼儿园等地进行志愿服务。暑假期间,我们的志愿者还到哈尔滨市周边的贫困地区进行了"暑期三下乡"活动,把我们的爱心献给我们生活的社会,用我们的行动给需要帮助的人带去便利,用我们的行动回报我们的祖国。

有时志愿者的活动不被人理解,有人认为志愿者那么做是傻的表现:用志愿服务的时间,做点自己的事不是对自己更好吗?为什么非要那么累,为他人服务?我想说,参与志愿工作,既是在帮助他人、服务社会,同时也是在传递爱心和传播文明。这不仅是中华民族优秀传统美德的体现,也是每个人应该做的。只要有人需要志愿者的服务,不管我是否在校园里,是否在举办活动,我都会以一个合格的志愿者的身份来帮助需要帮助的人。也许你不经意的一个举动,就帮助了别人,但你在帮助别人的同时也快乐了自己。

在两年来的志愿服务活动中,我得到了锻炼,得到了快乐,我立志终身做一名志愿者。"无论是谁向我求助,我都会毫不犹豫地帮助他;无论别人需要帮助的事情有多么棘手,我都会耐心地去解决;无论什么时候需要我,我都不会有半点儿怨言。"

不搞形式　不走过场　务实奉献

——记机电与汽车工程学院青年志愿者服务队

机电与汽车工程学院青年志愿者服务队成立于 2009 年,截至 2017 年有注册会员 2 000 余人。服务队自成立至今一直本着"不搞形式,不走过场,务实奉献"的原则,积极在爱国主义教育、文明城市建设、专业领域帮扶、敬老爱老、困难地区帮扶、救助困难儿童等领域开展志愿服务活动。

作为在哈高校的志愿者组织,该服务队与哈尔滨烈士陵园签署了共建协议,积极开展志愿服务,同时接受爱国主义教育的洗礼。先后与生活报社、团市委、呼兰区文明办等单位共同开展了"春暖花开时、洗脸哈尔滨""情系松花江、青春绿丝带""保护河流湿地、爱护城市环境、共建美丽家园""迎战暴风雪,学生冲在前"等大型志愿服务活动十余次,用实际行动美化了城市环境,引领了社会新风尚,履行了共建文明城市的义务。

  基于该服务队的学子所学专业为机电、汽车、材料三个专业,该服务队努力将专业知识转化为志愿服务的动力。2013年该服务队在黑龙江省孤儿职业技术学校挂牌成立了志愿服务基地,其志愿服务项目"就业之路不孤独,华德汽车来帮扶"系黑龙江省2013年"希望工程星光行动成长服务示范项目",同时也是入围星光行动的50个项目中,唯一一个利用专业知识服务孤儿团体的项目。项目实施2年来累计开展讲座12次,座谈5次,学习交流活动3次,解决了孤儿群体的实际问题,为其学习、就业提供了助力。

  该服务队在松北区"高丽托老所"(朝鲜族老年人公寓)、香坊区"咱爸咱妈老年公寓"(公益性老年人公寓)建立了志愿服务基地,同时积极开展"敬老爱老下社区"等活动。在为老年人服务时,队员们发现,老年人更注重精神层面的需要,常有人探望、常有人聊聊天成为老人最期待的事情。2014年一年里,赴"高丽托老所"开展清扫卫生、慰问演出等活动14次;赴"咱爸咱妈老年公寓"开展收萝卜、建寓舍等活动9次,并为该公寓爱心捐赠了4次。服务队用自己的语言、双手、歌舞践行了中华民族传统美德。

  该服务队积极开展扶贫助残活动,在过去的一年里,组织"捐衣物献爱心"活动2次,所募集到的衣物第一时间捐献到了云南鲁甸地震灾区。2015年4月,受尼泊尔8.1级强震影响,我国西藏、云南地区受灾严重,该服务队立即为西藏日喀则地区和云南丽江困难地区捐献了衣物。同时,与哈尔滨市青年志愿者服务队依朵花青年志愿者服务队一同赴阿城区蜚克图镇临宾村纪家屯和铜矿小四队资助了孤儿韩明奇和雷杨。

  2014年,该服务队得到服务单位和服务对象的一致好评。该服务队总结经验,继续"不搞形式,不走过场,务实奉献",力争打造出更富有特色、更有影响力的志愿者队伍,为建设文明哈尔滨、大美黑龙江做出应有的贡献!

服务社区　融入社会　增长才干

——记电子与信息工程学院师大社区学生志愿服务队

  2014年5月10日,我校电子与信息工程学院与哈尔滨市呼兰区学院路师大社区成立了学生志愿服务基地。在过去的一年当中,我们经历了许多,也收获了许多。

基地刚刚成立时,电子与信息工程学院带领着电子协会的精英去给社区修理损坏的电脑和电视等电器。在维修过程当中,同学们用娴熟的技术来维修电器,充分地展示了他们的能力,从中也可以看出同学们平时的努力,他们用艰辛的汗水换来了现在的成绩。同时,他们也得到了师大社区的赞扬,社区同志祝愿同学们越来越好,取得好成绩。

"世上最后一滴水,将是人类的眼泪。"这一则公益广告发人深省。一度人们认为水是取之不尽,用之不竭的,而今天,水已经成为一种稀缺资源。因此,在今年的3月22日那天,我们志愿者来到了师大社区,开展了一个名为"节约用水,人人有责"的小型演出,通过各种形式向居民们宣传节约用水。水与人类的生活、生产密切相关,只有认识到保护我国现有水资源的重要性,提高居民们的"惜"水情和"护"水意识,居民们才能在自己的生活中自觉做到节约用水。在提高居民们的认知能力的同时,同学们也体会到了水的重要性,积极保护水资源,节约用水。或许我们做的这些微不足道,但只要我们每个人认真地、努力地去做,我们相信将来会是美好的。

在五一放假之前,为了融入社区,适应社会,增加社会经验,电子与信息工程学院的志愿者走进师大社区,开展了主题为"清除城市'牛皮癣'"的义务劳动,为美化家园出力。活动中,志愿者们发扬了不怕脏、不怕累的精神。一方面为我们城市的环境保护做一些贡献,另一方面警示市民应该从小事做起保护环境,增强环保意识。只有每个人都意识到这一点,我们的环境才会更好,才能还城市以美好的面孔。此次清除"牛皮癣"活动,意在提高广大居民关心市容市貌、美化市容环境的意识,号召更多的群众参与到"牛皮癣"大作战中来,树立文明张贴意识,还城市应有的纯净之风。当社区居民得知大学生志愿者们是来义务清扫卫生时,纷纷对同学们的行动表示感谢,并对志愿者们无私奉献、服务社会的精神表示了钦佩。同时,居民们表示自己也会注意社区环境卫生,创造一个美好的家园。

在这一年的活动当中,我们的志愿者,通过参加活动,都有所收获,有所成长,使自己的专业技能更加熟练,锻炼了自己的社会实践能力,给自己以后的发展道路打好了基础。同时,也使同学们树立了节约用水意识,认识到了保护水资源的重要性。这一年中,在为社区服务、为人民服务的同时,志愿者们的责任心、无私奉献精神、整体素质及做事能力都有所提高。

发生在身边的故事——思想道德修养与法律基础课辅助教材

　　利用"十一"长假,组织学生进行了以"改革开放以来家乡的发展变化"为主题的社会调查,这是我们学生进行社会实践的主要途径。下面3篇调查报告充分说明:社会调查对学生了解社会,认识国情,增长才干,奉献社会,锻炼能力,培养品格,增强历史使命感和社会责任感,具有不可替代的重要作用。

关于齐齐哈尔市农民增收的情况

1130151218 杨雨露

调查时间:2014年10月5日

调查地点:齐齐哈尔市龙江县龙江镇二龙村16组

调查对象:二龙村村主任及农民

调查方式:1.问卷调查　2.观察　3.采访

调查目的:国庆期间,通过实地考察、查阅资料、访谈等方式,提高自己的实践能力,同时也为了更深入了解社会基层人民。

进入21世纪以来,党和国家十分重视农民增收。我也很关心家乡的增收情况,于是我做了一个关于家乡农民增收情况的社会实践调查,了解了家乡农民增收的情况,以及我国农村的现状。

村民家庭主要收入来源:村民30%在家种地,60%外出打工,10%是其他职业。

村民的生活情况如下:有储蓄的占50%,收支平衡的占20%,有欠债情况的占30%。

村民受教育程度如下:小学以下文化程度的占40%,初中文化程度的占40%,高中文化程度的占20%。

村民家庭支出情况如下:家人生活的花费占60%,供子女上学的费用占20%,家人的医疗费占10%,其他支出占10%。

村民对现阶段家庭收入的满意情况如下:对现在的生活60%的村民表示不满意,20%的人表示还可以,20%的人表示满意。

在调查中大多数村民反映了当前存在的问题,并提出了解决问题的措施和建议,希望国家加大对农民的扶持力度。

调查结果分析:二龙村村民中,现阶段仍在从事种植业的人不多。据悉,村里的青壮年平时都是外出在大城市打工。因为在大城市工资较高,而且生活丰富多彩,满足了年轻人的好奇心。目前很多村里的土地都承包出去了或者就直接荒废了,导致大部分土地闲置。此外,伴随着这几年经济的发展,外出打工的人工资也有了一定程度的提高,相比于在家种地收益更多。这些外出打工的人回来都说,现在在外面打工,由于他们文化水平低,只能干很苦很累的活。由于大城市生活成本高,他们在外面生活也是紧巴巴的。因此村民基本上都没有太多的储蓄,如果家庭成员谁生了大病,整个家庭都会陷入困境。调查结果显示,农村居民总体收入水平不高,而且生活质量也比较差。

在村民的家庭支出中,生活支出占了很大部分。由于大量劳动力外出,很多村民都放弃了养猪的传统,加上近几年物价上涨,生活消费在村民的支出中占有很大比例。此外,由于各种原因,我发现村里很多村民都在镇上买房子。针对这个情况,我采访了部分村民,他们说家里男孩都长大了,作为家长,他们需要为孩子先买房子,这就花费了家庭多年的收入,很多家庭甚至因此负债。

在调查中我发现,最近几年,村里发生了很多起村民财物失窃事件,而且事件越来越严重。现在,人人自危,不敢在院里放任何值钱的东西,甚至在夜晚还得照看牲畜、粮食等,严重影响了村民的正常生活秩序。

尽管收入状况不尽如人意,然而绝大多数村民对自己现阶段的情况都有一定的认识。在受访人群中,他们大部分都表达了自己对现实的一些不满和一些期待。他们大多数都想通过其他方法来改善生活,提高收入。此外,加上村子偏远,路又不好走,这些村民必须为产品的输出支付大量的运输费用,导致很多农产品的收入不高,村民不能靠种植农产品来增加收入。综上所述,村民平时收入的情况并不乐观,而且由于交通闭塞,消费支出居高不下。

在采访中,村民普遍反映政府的很多政策未能真正落实,医疗保险报销的费用不能及时返还,低保五保政策落实不到位,资金不能全部送到村民手中。对于村民普遍反映的水利设施问题,政府长期置之不理或是仅仅做面子工程,真正缺水的村民多次找到村委会也没有结果,造成我们村人口流失严重。

增加农民收入的建议:各级党委和政府要切实做到关心农民、帮助农民,真实反映农民的现状,把国家和社会分配的资金花在农民身上。真抓贪污腐败行为,严厉打击违法压榨农民的行为,在农民心中树立廉洁正直的形象。

要大力提倡健康、富有活力的文化,营造良好的社会文化氛围。要建立品牌意识,整合农业、养殖业资源,提高农产品的质量。

要切实减轻农民负担。减轻农民负担是实现农民生产、生活成本最低化,增加农民收入的治本之举。要切实解决农家子弟上学难的问题和农民看病难的问题,要严格控制物资价格上涨。

统筹城乡之间的发展。政府要有计划地引导城镇企业帮助解决农民的问题,如帮助农民解决农产品滞销和资金短缺的问题,利用城市的优势,促进农村资源的充分利用。

众所周知,中国是一个农业大国,13亿多人口中农民占了绝大多数。农业作为国家的立国之本,自古至今都是各行各业存在与发展的基础,是经济发展的重中之重。

可以看出,国家政策的倾斜和政府的投入使农民收入稳定上升。

这次关于家乡农民增收情况的社会实践调查给我的感触很深。在当代社会,青少年应多学习科学文化知识,培养自己对家乡建设与社会发展的热情与责任心,为家乡贡献自己的力量。

关于家乡的生态状况、环保工作落实状况的调查

1130551136 刘媛媛

调查时间：2014年10月3日

调查地点：黑龙江省佳木斯市环境保护局（简称"环保局"）

调查方式：访谈、问卷调查等

调查内容：对家乡近年来的生态状况、环保工作落实情况进行调查。通过对家乡环境保护局工作人员进行采访，了解家乡在改善生态环境、落实环境保护工作方面所采取的措施已经取得的成果；通过与环卫工人交谈，直接了解他们对家乡生态环境的改善的看法；通过问卷调查了解市民对家乡环保工作落实情况的想法。

调查报告：

一、生态环境方面

通过采访环境保护局工作人员以及环卫工作人员和发放调查问卷等方式，在家乡的环保工作、生态状况等方面得出了一些结论。佳木斯市的生态良好、环境优美。环保局工作人员指出：近年来佳木斯市委、市政府确立了"依江而建、沿江发展、建设江城、两岸繁荣"的战略，以"净化、绿化、亮化、美化"为目标，实施了"四河整治""活水进城"工程。

回收调查问卷后对其进行分析，了解到了市民对目前环境质量状况的满意度。调查显示，大多数被调查者对家乡目前的环境很满意或基本满意，满意率达到76.5%，但也有18.3%的市民对环境质量的现状表示不满意，还有5.2%的市民表示很不满意。从调查问卷的分析中可以得知：78.3%的人认为家乡的环境呈逐渐好转的趋势，如"限塑令"的实行情况很好，并且本市有专门的垃圾堆放处和垃圾收集、运输、处置等设备。要改善当地的环境状况，政府应该在哪些方面提高？对于这个问题，市民对城市绿化、污染防治，加大基础设施建设，乡镇企业治理污染等选项点击率较高，分别占53.3%、50.6%和46.0%。

在调查中一名环卫工人阿姨提出：希望我市加强环保执法的力度，多开展环保志愿活动，加强环保科普知识宣传。我觉得这个想法很切中问题的要点，能够抓住环境问题的重心，对于督促政府以及社区领导进一步改善家乡生态环境有重要意义。

二、政府环保工作落实方面

通过与环境保护局工作人员的交谈可以得知，2007年佳木斯市人民政府认真贯彻执行了《佳木斯市贯彻落实国务院关于落实科学发展、加强环境保护的决定实施意见》。"十五"期间，我市为改善城市环境质量和保护生态环境，采取了一系列环境整治

措施,使城市空气环境质量得到了一定的改善,生态破坏趋势得到一定控制,城市环境质量和生态环境得到了明显的改善,公众对城市环境保护工作的满意率超过85%。

政府还不断加大环境治理力度,组织开展环保宣传周、"绿色社区"环保知识普及等主题活动,使科学发展观建设逐渐深入人心。从调查结果看,有64.3%的市民对我市开展的环保活动表示了解或基本了解,20.5%的市民表示听说过,但具体情况不太了解,有15.2%的市民表示不了解。对"环保宣传力度"和"政府对环境工作的重视程度"两个问题的统计发现,市民的满意率分别为75.8%和65.7%,市民对政府在环保宣传方面的工作表示不满,认为政府工作存在严重的形式主义。

通过调查了解到环保工作落实方面,政府采取了以下措施:

(1)推进环保模范城市创建和生态市建设步伐。进一步加大城市环境基础建设投入力度,尽快实现生活垃圾无害化处理;提高城市环卫管理现代化水平;加强城市建成区建设,扩大绿化面积,到2014年城区绿化覆盖率达到35%以上;推进了城市绿化,努力构建了植树造林为主,花草乔灌有机搭配,城郊一体的城市绿化体系;加大对柳树岛的开发力度,完善景区整体规划,保护四丰山、猴石山等的生态环境。

(2)大力发展循环经济,建设节约型社会。市环境保护局对排污企业依法实行清洁生产审核,帮助企业进行污染防治,实行环境标识、环境认可制度,以节约资源、能源和资源综合利用为重点,构建资源节约型、环境友好型社会。

(3)加强城市大气环境综合整治。进一步改善城市大气环境质量,实施"蓝天工程"。为加强水污染防治,进一步改善城市水环境质量,实施"碧水工程"。

(4)进一步增加环保投入。各级政府从排污费中拿出部分资金设立环保治理专项基金,对连续稳定达标排放的企业给予鼓励与支持。

(5)开展环境保护宣传教育,突出宣传环境保护法规政策,宣传清洁生产、循环经济等新的生产方式,鼓励引导公众和社会团体规范有序地参与环境保护;充分发挥"环保进社区"活动的载体功能,在全社会倡导节约、绿色和简约的生产方式,为实现人与自然和谐发展创造良好的社会氛围和舆论保障。

通过实地的走访和对问卷调查结果的分析,我真切地感受到家乡的环境在不断改善。通过与环境保护局工作人员及普通环卫工人的交谈,我进一步深刻地了解了家乡的生态状况和环保工作的落实情况,环境保护是我市政府的重要任务之一。

通过这次调查我认识到,保护环境是每个人的责任,不是只有政府采取措施才能使环境得到改善,只有大家都认识到保护环境的重要性,这样才能使我们的家园更美好。家乡是我们成长和生活的地方,保护家乡的美好环境,为改善家乡的生态状况做自己力所能及的事是每个市民应尽的义务,我们应该从身边的小事做起。

第五篇 优秀班级篇

班级是学校的基本构成单位,也是学校行政管理的最基层组织。班级教学是现代最具代表性的一种教育形态,整个学校教育功能的发挥主要是在班级活动中实现的,班集体的优良与否对每个同学的成长是至关重要的。因此,中华人民共和国成立以来,各个院校都把创建"三好班级"作为班级建设的主要内容。我学院成立23年来,在创建"三好班级"活动中,先后涌现出省"先进班集体"0992122班等一批优秀班级。这些优秀班级虽各有特色,但它们都具有共同的特点,有勤奋、严谨、求实、创新的优良学风;有积极上进、遵纪守法、热爱集体、乐于助人、朝气蓬勃、崇尚科学、文明健康的良好班风;有政治坚定、团结协作、以身作则、联系同学的班级领导核心。

我们每个同学进入大学之后都希望有个优秀的班集体,能够为自己的四年大学学习生活提供一个好的环境。而优秀的班集体是要靠每个同学去创建的。怎样来建设一个好的班集体?下面"三好班级标兵"和"立志成才班"的8个事迹,为我们提供了借鉴。

追求卓越　携手共进

——记省"先进班集体"电子与信息工程学院 0992122 班

在华德这片沃土上,涌动着一股青春的气息,38 名朝气蓬勃的青年在此相逢,迸发出炫目的光芒。他们亲如兄妹,他们相亲相爱,他们携手共进,向着同一个方向前进,他们有一个共同的名字——0992122 班。在班主任曲万波老师的带领下,形成了有极强凝聚力、38 个成员犹如一家人的班集体。

4 年来,通过全班同学的共同努力,班级先后荣获哈尔滨工业大学五·四"优秀团支部"、哈尔滨华德学院"三好班级"、哈尔滨华德学院"先进班集体"、哈尔滨华德学院"三好班级标兵"等称号,并于 2012~2013 年度荣获黑龙江省普通高等学校"先进班集体"荣誉称号。

成绩来之不易,良好的学风是取得优异成绩的前提。为了形成良好的学风,班委会组织开展了"一帮一"活动,成立学习互助小组,带领小组成员共同进步。同学们一起研究学习方法,从基础知识出发,不断完善知识内部结构体系,丰满自己的羽翼,增加自己知识的厚度。在同学们的共同努力下,班级整体的学习成绩始终名列前茅。4 年来,班级平均分为 84.42 分,英语四级通过人数为 9 人,俄语四级通过人数为 1 人,计算机等级考试通过人数为 14 人,4 年累计共获得各类奖、助、勤学金共 295 000 多元。

0992122 班不但是一个学风浓郁、学习成绩优秀的班级,而且是一个十分注重动手能力培养的班级。同学们深深懂得理论必须联系实际,积极参加各种技能大赛,这既是验证理论知识、完善专业知识的最好方法,又是增强动手实践能力和专业技能的最好途径。4 年来,在责任教师赵建新老师的关心和指导下,同学们积极参加了国家、省和学校组织的与所学专业有关的各类大赛,取得了比较好的成绩,获得了第七届全国大学生"飞思卡尔"杯智能汽车竞赛东北赛区摄像头组二等奖、全国电子专业人才设计与技能大赛预赛一等奖、全国大学生电子设计竞赛黑龙江赛区二等奖等奖项。

0992122 班是一个思想积极、政治追求进步的班级。大学 4 年,班级同学无论在思想政治修养、学风建设,还是各种活动方面,都取得了较好的成绩。思想是一切行动的先导,他们注重政治理论学习,通过学习党的理论知识与开展纪念"青春献祖国,永远跟党走"等主题团日活动,提高思想政治素质,同学们逐步确立起正确的人生观、价值观,树立了远大的理想,不断朝着一名符合现代化建设的优秀人才努力前进。有了正确的思想指导，班级同学积极要求进步，大学4年中，有13名同学加入了中国共产党，有20名同学成了入党积极分子。每一个党员都能以共产党员的标准严格要求自己，个个起到先锋模范作用，带动全班同学不断朝着"三好班级"的目标前行。

0992122班是个有着强烈责任感和荣誉感、充满活力的班级。班级同学秉承"我在华德，我有责任""身在班级，我有责任"的主人翁意识，积极参加学校的各项活动。班级38名成员中，有12名同学曾在院、系担任学生干部。大家在各自不同的岗位上，尽职尽责地做好本职工作，全心全意地为师生服务。在学院的各项活动中，如在运动会的赛场上，有奋勇夺冠的运动员；在"社团文化艺术节""ACM大赛闭幕式"和周年院庆晚会上，有青春灵动的舞蹈演员；在"建院、爱院"活动中，有默默奉献的志愿者，他们个个都展现出充满激情、彰显个性的特点。在生活方面，积极开展形式多样的寝室文化活动，每一个寝室都有自己的特色文化，每个月都有不同的寝室通过努力获得"文明寝室"的称号。通过寝室建设，同学们彼此有了更多思想交流的机会，在营造和谐的文化氛围中加深了友谊。

实践出真知，除了参加学院的活动外，班级同学始终牢记学院"就业有技术、创业有能力、发展有潜力"的就业培养目标。在天津力神电池股份有限公司实习的过程中，班级每一位同学都能够深入到公司的一线车间，以学生的身份虚心学习，努力汲取实践知识，以良好的工作状态和勤奋好学的态度来适应公司的工作。全班同学无一名掉队，实习圆满结束，共赚取114 000元的工资补助。这次实习更加增进了同学们之间的友谊，增强了班级的凝聚力。

班集体就像一条河流，由一颗颗小水滴组成。4年的大学生活就像一台放映机，放映着班级每个人成长的片段。这样一个具有坚定信念、综合能力强、文娱活动丰富、实践能力强的优秀班集体，时刻鞭策、激励着同学们以更高的标准要求自己，力争在各个方面做到最好。

勤奋学习　永不止步

——记校"三好班级标兵"艺术与传媒学院0894112班

0894112班是一个由28名同学组成的班集体，这是一个充满活力而又沉稳、内敛，具有极强凝聚力的集体。在各级领导和老师的关心支持下，在全班同学的同心协力、共同努力下，班级曾多次获得集体荣誉，2011年在"五四"表彰中荣获校"三好班级标兵"。

　　0894112班是一个追求进步、思想积极、充满活力的班级。28名同学中有3名中共正式党员、4名中共预备党员、21名入党积极分子。积极入党的热情和党课的培训,使得同学们有了坚定、正确的政治方向。入学3年来,他们组织的团日活动,如"我在华德,我有责任""青春·梦想""院庆有你有我"等,主题积极向上。形式丰富多样,有合唱团歌、知识问答、节目表演和专业展示与参观等形式。2008年"青春·梦想"主题团日活动,荣获哈工大"百优主题团活"。2008年秋季学期荣获哈工大"百优团支部"称号;2009年春季学期荣获"哈工大优秀团支部标兵"荣誉称号;2008至2009年度荣获哈工大优秀团支部"冉冉新星奖"称号;2009年秋季学期有4名同学荣获"哈工大优秀团干部"称号,有2名同学荣获"哈工大优秀团员"称号。通过丰富多样的活动,同学们逐渐树立起正确的人生观、价值观,增强了班级的凝聚力,形成了一种积极向上的班级风貌。

　　0894112班是一个学风严谨、学习目的明确、学习态度认真、学习氛围浓厚的班级。他们认真贯彻学院"勤奋、求实、严谨、创新"的学风,遵守纪律,刻苦学习。课堂的出勤率从不用老师担心,班级中从未有旷课现象出现。课上同学们聚精会神地听讲,在老师讲课的过程中,主动思考,积极回答问题,使课堂效率发挥到最高。课下同学们及时复习所学内容,认真、独立、按时完成各项作业,经常受到各科老师的表扬。他们在学习中互帮互助,形成了"比、学、赶、帮、超"的学风,连续5个学期班级平均分为82.73;7人通过了大学英语三级考试;5个学期以来,获国家励志奖学金1人,获学院一等奖学金5人次,获二等奖学金12人次,获三等奖学金15人次,获学院一、二、三等助学金12人次。2009年秋季学期获学院"优良学风班级"荣誉称号。

他们在重视理论学习的同时,也注重培养自己的实践创新能力和锻炼提高综合素质,积极参加各项技能竞赛和活动,取得了优异的成绩。2008年12月张春玉同学获得省雪雕比赛二等奖;2009年秋季学期有4人荣获学院科技节活动之"解析专业,魅力演说"专业作品解析交流大赛优秀奖等奖项;2008年高峰同学获得学院"百事歌手大赛"第二名;2009年秋季学期栾草、张威等同学获黑龙江省大学生健美操比赛团体一等奖,栾草还荣获混双一等奖,张威还荣获黑龙江省大学生健美操比赛单人三等奖;2009年秋季学期有2名同学获学院社会活动积极分子奖。

0894112班是一个团结和谐、互助友爱的集体。3年来同学们和睦相处、相亲相爱。不管是老师,还是同学,哪个过生日都会由生活班长组织发短信送祝福、送礼物等形式的祝贺,现在已经成为一种习惯。同学中有参加比赛的,其他同学都去为他加油,让他感到强大的支持力;有班级在,不管他在哪里,都不孤单。不管是谁生病,同学都会去嘘寒问暖。有一次,一位同学得了重病,住进了医院,班级同学分别去看望,同一病房的人都很羡慕他有一个像家一样温暖的班集体。全班只有5名同学家是哈尔滨市的,其他同学对哈尔滨都不是很了解,班级每学期都组织出游一次,由哈尔滨同学做导游,到处游玩,比如说,去植物园野餐、做游戏等等。每学期期末考试前,班级组织同学把所学各科的内容加以归纳整理,分发给同学,或找教室,大家一起进行复习。

3年来,经过全班同学的努力,0894112班成长为一个团结、拼搏、奋发向上,具有极强凝聚力的集体。生活在这样一个集体中,他们懂得了珍惜,珍惜课堂中讲课的声音,珍惜课间同学们的笑语,珍惜做作业时的忙碌,珍惜在学院生活的每一分每一秒。在将来的日子里,他们还将会不断努力,力争创造更好的成绩。

永不气馁　奋发进取

——记校"三好班级标兵"电子与信息工程学院0991132班

青春之缘,让37个梦想汇集在一起;相知相遇,37颗真挚的心共同谱写了一曲理想的乐章。0991132班同学相互关爱,积极进取,共同编织心中的梦想,放飞青春的激情,这是一个追求进步、刻苦学习、团结向上、积极进取的班级。近2年来,经过努力,同学们在德、智、体等各方面均取得了优异的成绩。他们之中已有5人加入了中国共产党(正式党员1人,预备党员4人),20人成了入党积极分子。在2011年的"五四"表彰中,班级荣获校"优秀团支部标兵"和"三好班级标兵"称号,王萌萌等3名同学荣获学院"优秀团干部"称号,赵淑婷同学荣获学院"优秀团员标兵"称号。

0991132班取得的成绩来之不易。全班37名同学均来自黑龙江省的职业高中,毋庸讳言,职业高中和普通高中在高中阶段所学的科目是不相同的,因此职高生与普高生在文化课的基础知识方面,尤其是在英语、数学方面,客观上存在一定的差距。由于文化课基础薄弱,同学们进入大学后学习英语、数学就比较吃力,特别是第一次参加大学英语四级考试时,全班全军覆没,给同学们以沉重的打击。当时,有些同学想要放弃外语学习,但在辅导员老师、辅导员助理的鼓励和同学的关心帮助下,他们重新树立起了学习的信心和勇气,正视现实,承认差距,但决不气馁。他们明白了,要缩小差距,学好数学、外语,必须比别人付出更多的辛苦。为此,他们起早贪黑地学习,当别的同学在休息或在娱乐的时候,他们都在教室里学习。在课堂上,同学们都积极踊跃地发言;在下课的时候,其他班级的同学都走了,他们还围在老师身边询问或讨论上课遇到的问题;每天晚自习的时候,辅导员助理为他们讲解上课时遗留下来的疑难问题,这样同学们逐步养成了不会就多问的学习习惯,并形成了"赶、超、比、拼、帮"的学习氛围。(赶:因为班级同学都是职高生,职高生基础较差,所以每次都赶在老师讲课之前做好预习;超:班级同学都有自己的学习目标,大家都在为实现自己制定的学习目标而努力;比:比学习成绩、比上课积极性;拼:拼的是学习劲头,拼的是班级荣誉;帮:一帮一、一帮多、多帮一、多帮多。)

为了使全班同学共同进步,班级建立了学习小组,由学习较好的同学担任组长,并且做了一个特殊的规定:以学习小组为单位,各科目考试成绩在前3名的同学其所在的小组受到奖励,在后3名的同学其所在的小组将要接受相应的惩罚。期末时,班级组织召开颁奖仪式,由班级干部出钱买奖品和奖状,班级以班委会名义自制了印章,由班级干部为前 3 名同学所在的小组颁发班委会盖了章的奖状,并由前 3 名同学向后 3 名同学传授学习心得和学习经验。这样既激励了同学们的学习热情,使落后的同学积极努力、奋发向上,也增强了同学们的团队意识。在考试月里,同学们都能积极响应班级的号召,在空余时间集体来到教室学习,并时常邀请系里的老师和辅导员进行指导。

功夫不负有心人。经过全班同学的共同努力,入学 3 个学期以来,班级的平均成绩 3 次位居全系同年级第一名,3 个学期,班级的平均分达到了 81.97 的好成绩。同学们获得了学院一等奖学金 3 人次、二等奖学金 6 人次、三等奖学金 12 人次;班级 2009 年秋季学期荣获学院"学谨纪优班级"荣誉称号。2010 年在东北四省大学生 ACM 大赛中,赵鸿超同学荣获"优秀奖"和"先进个人"荣誉称号。2011 年班级荣获校"优秀团支部标兵"和"三好班级标兵"称号。

成绩的取得除来自他们永不气馁、奋发进取的精神,与他们有一个优秀的班委会和切实可行的班级规章制度也是分不可的。0991132 班的班委会由 11 名同学组成,分工明确,组织健全。班委会定期召开会议,及时总结班级的工作:哪些方面做得好,需要继续保持;哪些方面做得不好,需要弥补改进。班级干部每月交工作总结,总结自己这 1 个月来的工作情况和下个月的工作计划以及工作心得,时刻关注班级同学的思想动态。班委会坚持上情下达,能及时向同学们传达学院和系里的文件精神,并能将同学们的意见和建议及时反馈到相关部门,解决同学们学习、生活各方面的问题。0991132 班同学不但能严格地遵守学院的规章制度,而且依据学院的规章制度的精神,结合班级的实际制定了本班级的"出操制度""文明寝室公约""自习制度"等具体的制度。如在自习方面,他们规定:(1)早自习每天在 7:45 之前到达教室;(2)做到"静、竞、净、敬",上课时保持肃静,学习时形成竞争,教室卫生达到干净,对老师做到尊敬;(3)对迟到 3 次以上的同学,在班会上进行口头批评;迟到 5 次以上的同学,在对其进行口头批评的同时,需要其递交检讨书;(4)在晚自习时,提前 10 分钟到达教室,上自习时不许吃零食、说话、玩手机、听音乐;(5)晚自习周一到周三不许有任何活动。严格的规章制度,保证了班级同学的学习、生活和谐健康地进行,为全班同学的成长提供了条件。

展现自我　共创辉煌

——记校"三好班级"机电与汽车工程学院1095123班

1095123班是一个温暖、和谐的大家庭,团结、进取、拼搏是他们最大的优点。全体同学在辅导员付洪涛老师的指导下,跟随集体的脚步,共同营造良好的班级风气和良好的班级氛围。

班级学习气氛浓郁,成果丰硕。同学们深知学习是学生的天职,因此他们每个人都不敢在自己的学业上有所松懈。全班同学无一人无故迟到、早退、缺课,得到任课老师的一致好评。班级同学在上课时都能认真听讲,积极发言,配合老师达到教与学的互动,听课状态明显好于同一年级的其他班级。为了使每一个同学的学习成绩都能够得到提高,班级开展了"一帮一"学习互助活动,使得基础差一点的同学也有了学习兴趣,有了学习伙伴后,成绩有了明显的提高。在优秀班风的引导下,同学们把课余时间也多用于学习,经常阅读有益的课外读物,听讲座,交流学习经验,同学们基本都远离了泡网吧等不良的行为习惯。4年中,他们秉承诚实守信的原则,在考试前同学们都能认真复习,在考试过程中都能认真答卷,班级没有出现过考试违纪现象。

由于全班同学的共同努力,4年来,班级平均成绩近80分,大学英语四级考试通过10人,大学英语六级考试通过4人,计算机二级考试通过率在95%以上。在努力学习的同时,班级同学积极参加科技创新活动,贾道宝、王乔等同学获得了"毕昇杯"全国电

子创新设计竞赛二等奖,侯帅丞同学获得了国家实用型专利和"毕昇杯"全国电子创新大赛一等奖各一项。侯帅丞同学以优异的成绩在2012年度获"黑龙江省年度大学生人物"荣誉称号,2013年考取了"985工程"学校重庆大学的硕士研究生。

坚定、正确的政治立场能够指引同学们更加积极地面对大学生活。4年来,班级通过开展一系列的主题活动,如"纪念'一二·九'运动"演讲比赛、以"永远跟党走,青春促和谐"为主题的班会、"和谐校园从我做起,从大家做起"签名活动等丰富多彩的班会和团会活动,使同学们的思想政治觉悟有了较大的提高,同学们更加拥护党的领导,关心时事,增强了社会责任感和使命感。在大学第一学年,班级全体同学就递交了入党申请书,4年中,班级已有6名同学加入了中国共产党,22名同学成了入党积极分子。

寝室是大家学习、生活的又一重要场所。同学们独立自主,相互尊重,住在一起,并没有因为来自不同的地方而互相排斥,反而相互关心、相互帮助,每一位同学都感到了家一般的温暖。严抓寝室内部建设,做到"净、静、竞"。同学们坚持每天整理内务,养成了积极、健康、向上的生活习惯和持之以恒的精神。在学院的评比中,班级多次获得"优秀寝室""文明寝室""卫生达标寝室"等荣誉称号。同时,积极搞好公共区域的卫生,不放过一个角落,不留一片垃圾在自己脚下,得到了院系领导的多次表扬。

这些成绩的取得离不开班级的核心——班委会和团支部的领导。在辅导员付洪涛的指导帮助下,班委会和团支部根据班级的具体情况,本着"从实际出发,一切为班级和全体同学服务"的宗旨,每星期召开班会,总结班级在管理方面的不足,以便及时改进。班干部均能以班级发展为己任,密切协作,不但按要求完成了学院、分院和系安排的各项任务,而且能够创造性地开展富有特色的活动。丰富多彩的班级活动,使大家在学习、能力和素质方面都得到了很大的提高。

回首4年的大学时光,有成功,有失败,有欢笑,有泪水,但更多的是收获,是成长,同学们用辛勤的汗水成就了今天的成绩。但他们也清楚地认识到自己还有很多的不足,他们将继承哈工大精神,28个兄弟姐妹定能开创新的光辉篇章,谱写新时代的青春之歌。

齐心协力　展机电雄风

——记校"优秀团支部标兵"机电与汽车工程学院1102111班

2011年9月,40个年轻人怀揣着共同的理想和信念,走进了华德的校园,共同组建了一个温馨、和谐、积极向上的班集体——1102111班。

大学生活的 4 年中,在院系领导的带领下,同学们共同拼搏努力,取得了骄人的成绩。有 6 名同学加入了中国共产党、19 名同学成为入党积极分子。大学 4 年,班级平均成绩为 82.26 分。在大学英语四、六级考试中,13 人通过了四级考试,5 人通过了六级考试,通过率达到 40% 以上。班级曾获"优良学风班""优秀团支部标兵"等多项荣誉称号,班级多名同学曾荣获"省级三好学生""优秀学生干部"等荣誉称号。4 年中,全班同学获得各类奖学金、助学金共计 87 500 元,其中 4 人获得国家励志奖学金,16 人获得助学金。班级有多名同学参加了全国硕士研究生统一招生考试,尤为自豪的是董常青同学以专业成绩第 24 名的优异成绩考取了清华大学研究生,这是我校建校以来第一位考取清华的学子。我们相信,诸多成绩的背后必定有不为人知的艰辛和努力,闪耀的光环背后是师生恩情的凝聚和教育理念的彰显。

一、良好的班风、学风建设是取得一切成绩的保障

班风、学风的好坏对一个班集体的影响是至关重要的,只有班风正、学风浓的班级才可能取得好的成绩。1102111 班班内学习气氛浓厚,在班委会的带领下,根据每位同学学习的情况,采取了一系列的帮扶措施,开展了"一帮一""竞争式学习"等活动,在班级内形成了"争、比、赶、超"的学习气氛,并且定期地交流学习方法、经验。针对不同的学科开展形式多样的学习活动,目的是增强大家的学习积极性和主动性,从中总结出属于自己的学习方法,鼓励同学们相互学习。个人的进步不难,而整体的进步需要大家共同努力。通过严格的考勤保障,严抓迟到、早退现象,平时课堂上不存在无故缺席情况。期末考试时大家均认真复习备考,学习委员还积极为大家联系老师答疑、搜集整理复习资料、预约实验等,通过各种方式促进每个同学的学习成绩提高。

为了搞好班风建设,班级提出了"主人翁"的主张和口号,让大家清楚地认识到,好的班风需要每个人的努力和维持。生活班长会针对教室、寝室提出一系列的要求,大家轮流值日,极大地提高了同学们的自觉性和班级的凝聚力,教室和寝室的卫生多次在学院评比中名列前茅。经过大家的努力,寝室多次荣获"卫生达标寝室""文明寝室""优良学风寝室"等称号。

二、以主题团日活动为依托,加强政治理论学习,提高思想道德素质

班委会和团支部一直将提高同学们的思想道德素质、政治修养作为班级工作的重点。为了加强班级的思想政治建设,提高同学们的理论素质,大学4年中,班委会和团支部依托主题团日活动多次开展了以爱国主义、理想信念以及道德实践为主题的活动和讲座,如"学习十八大精神""'一二·九'运动""勿忘国耻"等主题团活及讲座。同学们积极踊跃地参加,并能在活动后写心得体会。在这种氛围的带动下,班级同学的政治素质得到了提高,积极要求进步,在大一学期就全部提交了入党申请书,并能定期向党组织汇报思想情况,班级大部分同学都参加了党课的学习。

三、提高综合素养,完成自我超越

班级不仅重视班风、学风建设,信念塑造,也注重锻炼综合素质、磨砺意志品质,丰富人生阅历。他们清楚地认识到要想成为一名合格的大学生,必须要德智体美全面发展。为此他们积极参加学院活动、社会实践活动、勤工助学活动等来丰富自己、锻炼自己。班级每年开展的中秋晚会、元旦晚会等丰富多彩的文艺活动,都会鼓励同学们大胆地展示才艺。这样同学们不仅得到了快乐,也锻炼了自己在众人面前的表达能力。在确保大家安全的情况下,班级组织了太阳岛一日游、二龙山度假村两日游等旅游活动,户外游玩的过程更加增强了班级的凝聚力。经过各方面的锻炼,4年来全班共有2人次担任院级学生干部,8人次担任系级学生干部、辅导员助理等;6名同学获得了"校优秀学生干部""三好学生"荣誉称号;获得了"优秀团员""优秀团干部""社会活动积极分子"等荣誉20余项。

4年的大学生活已经接近尾声,班级大部分同学已经找到了自己满意的工作。40人组建的大家庭曾在华德的这片沃土上成长,并收获。在这里他们学到的不仅是知识,更学会了怎样做人。我们有理由相信,只要他们保持这种拼搏向上的精神,无论到哪里他们都可以骄傲地说我是华德人。

勤奋学习,全面发展,打造朝气蓬勃的班集体

——记校"三好班级标兵"经济管理学院1205311班

秋风飒爽,丹桂飘香,2012年10月的校园里处处点缀着热烈的金黄,洋溢着收获的喜悦。两年半前的这个时节,47名来自全国各地的优秀学子踏入了哈尔滨华德学院的校园,汇聚成了12级经济管理学院1205311班。他们团结进取、开拓创新,辛勤的耕耘终于换来了今天班级建设和班级成员全面发展的累累硕果。

学习是大学生的第一要务,而形成良好的学风是搞好学习的前提条件。1205311班始终致力于营造良好的学习氛围,促进班级成员学习进步。自大一以来,他们坚持采取了一系列措施:建立班级QQ群,督促同学们按时完成学习任务;作业互相检查,及时发现普遍存在的问题,成绩优秀的同学还会有针对性地帮扶后进同学;及时打印课件、习题,实现学习资源共享。这些努力取得了明显成效,班级里已经形成了学习上你追我赶的生动局面,并且在期末考试中取得了优异成绩。大二学年,该班平均分为82.41分,成为经济管理学院12级8个班中平均成绩最高的。

丰富多彩的班级文化生活是维系班级凝聚力的纽带,也是促进每个班级成员健康和全面发展的动力。为此,1205311班组织了一系列班级活动,致力于打造多彩的班级文化生活。该班积极参加各院级、校级评比评优和班级展示活动,并斩获了多项荣誉。在大一上学期的团日活动中,该班荣获了"十佳团活"荣誉称号;大一下学期又荣获了

"优秀团支部"荣誉称号;大二学年,又荣获了"优良学风班"荣誉称号。在寝室评比活动中有3个寝室获得了"优秀寝室"荣誉称号,并且在大一军训期间有一个寝室获得了"优秀内务寝室"锦旗一面。

创先争优,促进个性发展,形成生动活泼的班风。1205311班拥有一批个性张扬、才华横溢的优秀同学,班级充分鼓励每个成员个性发展,促进人尽其才。班级同学政治上积极要求进步,大一入学之初,班级所有同学均递交了入党申请书,该班现有中共预备党员2名、入党积极分子18名。预备党员严格要求自我,努力做到了政治坚定、业务过硬、作风优良和群众满意,起到了良好的模范带头作用。班级同学有1名任哈尔滨华德学院校友总会会长,有1名任经济管理学院学生工作办公室助理,有1名为分院学生会副主席;还有1名为公寓自律委员会副楼长。很多同学都充分展示出了自己的特长与才能,为校、分院及班级做出了贡献。

1205311班是个充满朝气,充满活力,积极进取,责任感强,集体荣誉感强,团队精神强的班级,这样的班集体为个人发展、团队发展奠定了坚实的基础,为个人修养的提高做好了充分的准备。相信在全班同学的努力下,经济管理学院1205311班的明天必将更美好。

博学睿思,勤勉致知

——记校"三好班级标兵"外语学院1206212班

1206212班是这样一个班集体,全班共有13人,以"博学睿思,勤勉致知"作为班级的学风,并指导实践,营造了浓厚的学习氛围,取得了优异的成绩。在过去的2年里,班级的平均分为81.25。班级共有5个寝室,2个寝室在评比中荣获嘉奖,曾获学校"文明寝室先进班集体"和华德学院"优秀团支部"等称号。在全体同学的共同努力下,集体共获得"优秀团支部""优秀班级"等5个荣誉称号。范秋红同学获黑龙江省高校"三好学生"荣誉称号、全国俄语大赛高年组优秀奖,耿乐同学在2014年学校秋季外文朗诵大赛中荣获一等奖等,全班个人所得的证书共35个。在院、系组织的各类活动中,共获证书31个;在学习成绩评比中,共获证书20个。

1206212班本着"自强不息,厚德载物,持之以恒,善始善终"的班级理念,共组织了5次团活和多次理论学习。在每次理论学习中,全班同学积极参与、认真学习、充分交流,学习效果显著,思想认识不断提高。其中,以"网络文明建设"为主题的团活,前期做了充分准备,活动中采取了多种表现方式,紧扣主题,达到了内容与形式的完美结合,同学们收获颇丰。全体同学主动向党组织递交了入党申请书,并坚持向党组织递交思想汇报,如今有 2 名同学光荣地成为中共党员、3 名同学成为中共预备党员、6 名同学成为入党积极分子。

1206212 班同学在努力学习的同时,也积极参加学校组织的各类活动。无论是在艺术节的各个舞台上,还是在学院组织的各项比赛中,都能看到他们的青春风采。张宇、刘玉春、崔盼盼、耿乐、周晗 5 名同学在外文朗诵大赛中均夺得优异奖项;张弛同学在校园艺术节中获得"先进个人"称号;李海航同学在"华德学院职业生涯规划大赛"的决赛中表现突出。此外,1206212 班同学积极向我院记者团投稿,刘晓慧、赵园迪、周晗、张弛、张宇等同学先后在《华德报》上发表文章。在黑龙江电视台举办的俄语风采大赛中,刘玉春、张宇同学更是发挥特长,充分展示了自己。其中,刘玉春同学荣获了"优秀奖"。"课前五分钟演讲"是学院的五大品牌之一,在演讲过程中,每个同学都积极把握每一次锻炼的机会。在过去的 1 年里,范秋红、张宇、耿乐、张弛、赵园迪等同学荣获了"优秀演讲者"称号。在学院的"演讲拉练"中,张宇、刘玉春和耿乐 3 名同学取得了优异的成绩。这些都充分地体现出 1206212 班同学对"课前五分钟演讲"的极大重视和极高的热情。

1206212 班同学在努力提高专业素质的同时,坚持参加社会实践活动。第一学期,在实践活动中,同学们深刻认识到了环保的重要性,以身作则,号召身边每个人积极投身于环保活动当中。第二学期,班级的社会实践活动主要为献爱心。针对残疾儿童,班级开展了以"献出一份爱心,送上一片真情"为主题的献爱心活动。全员参与,同学们持续不断地到本地的聋哑儿童学校贡献自己的一份力量。在2014年暑期的社会实践活动中,也有1206212班同学活跃的身影,每名同学都为自己的班级贡献着一分力量。在过去的2年里,各项活动充分体现了班级的凝聚力、团队精神。班级开展的献爱心活动也得到了所受助学校的高度赞扬和极大好评。

在这个班集体里,每个同学都将"1206212"这7个数字铭记在心,以班级为家,以建设班级为己任,团结进取,积极向上。他们将并肩携手,勇往直前,努力进取,超越梦想!

奋发向上,共同进步

——记校"三好班级标兵"建筑与土木工程学院1303611班

1303611班,全班共45人,预备党员1人,积极分子16人,团员38人,班级90%以上的同学向学校党支部递交了入党申请书。全班同学学习十分努力,学年平均成绩为80分。班级有14名学生通过了大学英语四级考试、9名同学通过了国家二级计算机考试、2名同学获得了国家励志奖学金、17人次获得了个人荣誉称号,在各类比赛中6次荣获"优秀班级"荣誉称号。

能够取得上述成绩与1303611班十分注重班风和学风建设是分不开的。1303611班学风严谨,班级的每个同学都以"诚信"为信条来提升自己的道德素养,都以"作弊是可耻的"来警诫自己,首先在思想上杜绝作弊,其次在实际行动中杜绝作弊。在学习委员的带领下,学期初,班级每一个同学都反思得失,自定新目标,端正学习态度;学期中,自己及时总结,调整方向,注入新动力;学期末,同学之间相互督促学习,加强纪律教育。正是在这样的潜移默化中营造了浓厚的学风,至今班级没有出现过考试违纪作弊现象,无一人留级或降级。

良好的班风体现的是一个班级的精神面貌,民主是1303611班的力量源泉,"民主与集中相结合"是班委会和团支部工作的重要原则。无论是推优、综合测评,还是举办活动,都广泛征求大家的意见,认真考虑每个同学的建议,然后,班委会和团支部再集中综合考虑,做出决定。班风的建设要靠全班同学的努力,同时要充分发挥班干部的模范作用。班干部及课代表模范遵守课堂纪律,班级各科作业及时上交,保证出勤率,保持教室卫生,积极参加学校组织的各项公益活动,带动全班同学将班级的班风建设放在各项工作的首位,因为他们始终相信只有在良好的班风下,才能取得优异的成绩。

在加强班风和学风建设的同时,1303611班也十分重视班级同学的政治理论学习。班委会和团支部一直将提高同学的思想道德素质、政治修养作为班级工作的重点,并以主题团日活动为依托,进行了形式多样的理论学习。例如,团支部举办了"常怀感恩心"主题团日活动,通过唱歌、演讲以及游戏等形式让同学们懂得感恩,认识到"感恩"是一种生活态度、是一种品德,这对于现在的学生来说尤其重要。因为现在的大学生大多都是家庭的中心,他们很多人只知爱自己,很少考虑别人。感恩教育其实就是让同学懂得尊重,对他人的帮助时时怀有感激之心。又例如,3月5日学雷锋纪念日,团支部组织同学到哈尔滨敬老院义务做好事,为敬老院清洁健身器材、陪伴老人聊天等。这项活动不仅使老人感到生活的温暖,更重要的是教育了同学们,使同学们正确地理解了什么叫社会责任感,为同学们树立正确的人生观、价值观和贴切实际的人生目标提供了帮助。

班委会和团支部还通过组织开展各项活动,提高同学们的综合素质。同学们积极参加各项有益的活动,在实践中开发自身的潜能,有益于综合能力的提高、精神面貌的改善。在班委会的倡导下,这种理念成了班级成员的共识。积极参加社会实践已成为1303611班的重要特色,在学校的各项志愿者服务中都能看到他们的影子。在班委会和团支部的正确领导下,同学们经过努力,在学校的各项评比中取得了不错的成绩:2013年在入学军训中被评为先进班集体;2013年秋季学期荣获"十佳团活"荣誉称号,在建筑与土木工程学院第七届学生科技节"纸桥设计与制造"大赛中荣获第一名,在"因为专业,所以卓越"知识竞赛中荣获第二名,在哈尔滨华德学院第十三届校园文化艺术节"精武门"大赛中获得团体组"最佳魅力奖"。2014年春季学期荣获"课前五分

钟优秀班级集体"荣誉称号和"演讲拉练"第一名等优异成绩。

1303611班是一个团结、奋发向上的集体,入学以来所取得的成绩,离不开45名成员对班级的热爱和付出。他们坚信1303611班永远是最好的,不只是因为他们取得的成绩,而是因为班级所有人都能在前进的道路上披荆斩棘,这样的班集体,怎么会落后？汗水与笑容交织的明天,一定会更加灿烂!

不懈努力　追逐求学梦

——记机电与汽车工程学院立志成才班

学校自实施"百名研究生计划"以来,给考研学生提供了许多优惠条件(如提供专业的课程辅导、课程设置、毕业答辩等方面为考研学生提供方便),每年都有不少同学考上研究生。在学校的考研大军中有一支成绩突出的队伍——机电与汽车工程学院立志成才班。

立志成才班自成立以来,共有100余名学子考取了硕士、博士研究生,用实际行动践行了学校"百名研究生计划"。他们当中优秀的典型有:0693101班魏进同学成功考取了哈尔滨工业大学博士研究生;0793422班庄大勇同学成功考取了哈尔滨工程大学的博士研究生;0895221班岳岩同学成功考取了华中科技大学的硕士研究生;0995221班刘朝阳同学成功考取了吉林大学的硕士研究生;1095123班侯帅丞同学成功考取了重庆大学的硕士研究生;1102111班董常青同学成功考取了清华大学的硕士研究生等。

立志成才班的前身是2008年9月原机电工程系成立的"机电工程系考研班"。随着我校"百名研究生计划"的开展,该班于2010年10月27日更名为"立志成才班"。

该班自成立之初,时任机电工程系主任的关晓冬老师便委任李慧、杨德云等老师指导该班学生学习,并定期为学生开展讲座。2010年,在原有专业教师指导的基础上,为该班配备了班主任进行专门管理,张艳辉、罗奥、马强(现任)先后担任该职务。

2014年,该班聘请校特聘专家、博士生导师于建国为"首席专业导师",陈丽丽、毕经毅、李红3名教师被聘为"专业导师",姜鬼、苑超、马强、李滨4名辅导员被聘为"德育导师"。

该班自成立以来一直有固定的学习场所,现班级教室为教四418室。学子们在专业老师的指导下,不惧严寒酷暑、勇往直前,为了他们心中的求学梦而不懈努力。

该班学子之所以能在考研中取得骄人成绩,除学校提供了便利条件,学院为班级管理配备了专业导师、德育导师和班主任,形成了完备的管理队伍以外,与学生的孜孜以求、不懈努力也是分不开的。从下面立志成才班0793211班杨建新同学对考研过程的回顾和总结中,我们可以得到答案并受到启迪。

2011届毕业生,考取了哈尔滨工业大学机械制造和自动化专业硕士研究生的杨建新同学在回顾中写道:

有了目标,就有了动力与信心。

考研中外语成绩的高低至关重要。在大一的时候,让我印象极为深刻的是:有一天,当我走过东楼教学楼时,看到了一张醒目的红纸上的名单,这些人是当年通过大学英语四、六级考试的学哥学姐。当时我的羡慕,甚至急切的心情难以言表,心想明年的这个时候我的名字要是也能出现在这样的红纸上该多好!因此大一期间,我在努力学好基础课程的同时,其余时间都在学习英语,为大学英语四级考试做准备。我的所有英语课本上都写得密密麻麻的,标记着各种记号。在每次上课前,我都会把老师要讲的内容提前复习一遍,对于不懂的地方,我都会标记下来,等上课时更加认真地听一下这些地方。老师每讲完一课,我会把不会的单词都记下来,天天背,日积月累,我的词汇量增加了许多。一分耕耘,一分收获,我在大一秋季学期及春季学期分别获得了学院二等奖学金和一等奖学金。

进入大二后,由于可以报考大学英语四、六级了,于是我给自己定下了一个个近期目标:大二上学期通过大学英语四级、全国计算机二级C语言,大二下学期通过大学英语六级、全国计算机三级网络技术(这些一定要尽自己最大的努力准备,不一定一次性顺利通过,但一定要付诸百分之百的努力)。经过努力,我达到了目标,与此同时,我的其他课程也没有落后,平均分在90分以上,并获得了国家励志奖学金。

大二学年大学英语四、六级的顺利通过,大大增强了我对考研的信心。因为我的英语基础不是很好,大学英语四、六级的通过让我坚信,只要努力就会有所收获。大三进入专业课学习阶段,我在努力学好专业课的同时,也零星地看点考研数学,英语是天天都不能丢下的。自从上大三以后,我每天早上6点起床,吃过早饭后背单词、读英语短文,大三下学期正式投入备考之中。

对于考研,一是要坚持。考研这一年是相当寂寞的,这一年我几乎切断了同以往所有朋友的联系,每月发出的短信不足百条,多数情况下都是五六十条。因为我知道做任何事必有所得,也必有所失,所谓鱼和熊掌不能兼得。这一年我没有睡过一天懒觉,没有给自己放过一天假,并且暑假我也没有回家。因为我家离哈尔滨太远,来回得四五天时间,加上在家也学不进去,所以决定好好利用这些天。

对于考研，二是要有自控力，禁得住各种玩的诱惑，不要被外界干扰。我记得当时很多研友看到其他同学都签了工作，尤其是看到那些签得比较好的同学，便迫不及待地花费心思做简历，参加各种招聘会，以至于在找到工作后便打起了退堂鼓，陆续撤离了考研复习教室。而我当时没有这么做，我的想法是：既然选择了考研，就要一心一意地去准备，谁都没有分身术，更不可能一心两用。因此我没有做简历，更没有参加任何招聘会，心想哪怕考不上，明年回来再找工作也不迟。

在考研过程中，我经常有这样的想法（我想每一个研友都会有这种想法）浮现在我的头脑中：要是考不上怎么办？记得当时我曾在一张纸条上写道："明天的事明天再说，以后的事以后再议！眼下最重要的是好好准备，不要让自己因为没有努力而后悔！"我有时甚至会想船到桥头自然直！我经常把让自己感到心烦的事或不好的心情写在纸条上，并且最后会写一些鼓励自己的话，每次这样做之后我都感觉好很多。大家不妨试一下，可以让自己的学习效率更高一些。

考研要想取得成功，必须要珍惜大学的学习生活，扎扎实实地掌握所学的知识，千万不要轻信学习无用之类的话，不要对找工作不看成绩的话信以为真，其实社会是很重视学生成绩的。一定要好好学习，不一定什么时候就会用到所学知识，否则到时后悔都来不及！就拿我考研复试来说吧，从知道成绩到复试，这期间我只有不到半个月的时间，而复试要考六科，虽说这些科目都在大一或大二学过，但毕竟这么长时间没看，心里很慌。幸亏一直以来我学得都比较扎实，书本知识一看就都回忆起来了。这是我复试取得198分的主要原因，也是我能够考上哈尔滨工业大学的重要原因。

大学4年即将结束，我更加坚信：付出就会有收获！一心一意坚持到底就会成功！

第六篇 优秀个人篇

我们的教育方针是"坚持教育为社会主义现代化建设服务,为人民服务,与生产劳动和社会实践相结合,培养德、智、体、美全面发展的社会主义建设者和接班人"。我学院依据国家的教育方针,结合23年来的办学实践所积累的经验,提出了"侧重个性培养,全员成才教育"的育人理念和推进素质教育,培养学习型、技能型"双尖型"人才的思想,培养了一批品学兼优的学生。

成为社会有用之人才,是我们每一个同学的愿望。大学4年的学习生活,我们应怎样度过,应怎样努力使自己成为社会有用之人才,是我们每一个同学从跨进校门的第一天起就应该思考的问题。下面几则优秀学生的故事,从不同的角度给我们揭示了答案。

保持生命的热情,寻找梦想的灯火

——记建筑工程系 0696301 班熊杰

提起手中的笔,他犹豫了,坐在图书馆阅览室的窗前,看着学弟学妹们匆匆忙忙地奔走在图书馆和食堂之间的路上。渐渐地,大学 4 年生活中的一幅幅画面定格在他的脑海中,有喜悦,也有伤感;有欢笑,也有辛酸。

2006 年高考失利使他无缘重点大学,本来留在武汉可以读一所很不错的学校,可由于高考失利和家庭因素,他一心只想逃离,将高考志愿一律填报了外地。也许真是天意弄人,他误打误撞进了哈工大华德学院,成为 06 级土木系的一员。

刚来学校时,很长一段时间里,他无法适应东北地区寒冷的气候。10 月份就开始下雪,总是感觉阴冷阴冷的。他曾产生过退学复读的想法,但想到父母为了供他上大学十分艰辛与不易,想到亲朋好友、街坊邻里都以他能上大学为荣,他打消了所有"不应该"有的念头。

梅贻琦先生曾说过:"所谓大学者,非谓有大楼之谓也,有大师之谓也。"很幸运,在这里他遇到了很多大师级人物。从大二开始,专业课陆续开课,大部分老师都是哈工大退休的博导、专家和本部的授课名师。每门课程他都很用功,每次上课都挤到前排,专心地凝视老师驰骋在讲台上。大学开学后的第一个班会,他就问辅导员许之鹏老师,他怎样才能考上研究生。老师告诉他每学期成绩必须保持在班级前三名。于是他更加用功,大学 4 年下来成绩都在前三名,考得最差的一次是与别人并列第三。大二他便通过了大学英语四级和全国计算机二级。有人说,大学的任务你都完成了,后面就放心玩吧!他莞尔一笑。后面的闲暇时光,他也和室友们打牌、聊天、逛街、玩游戏,可那种开心转瞬即逝,他心中总在惦记什么事,隐隐的,却很迫切。他知道,那是对现状的不甘和对未来的企盼。在宿舍楼里的男生们都守着电脑玩刀塔、地下城与勇士时,他就抱着书唱着歌儿去自习。在教室里坐一天下来很累,但很坦然,穿梭在月光和灯光里,心头充满着快乐,这种希望中的乐趣能让他每天都保持着明媚的微笑。

大三的时候,他开始筹划考研。或许这颗种子在他高考失利后就已经深埋于心田,只是此刻它开始生根发芽。原想报考武汉的高校,他迷恋那里的古色古香和才子辈出。可就在他托高中同学买了武汉理工大学所有的真题试卷后,朋友的话使他改变了主意。于是他毅然选择留在东北。

就如亮亮所说:"我们心中都有一段悲伤,可逃离的总会回归,三本学校不会是我学业的终点。"亮亮是他的研友兼老乡,类似的经历使他们彼此找到了默契。亮亮已经决定考东华大学,去上海。而哈尔滨的高校他只向往美丽的名校哈工大,它那俄式风格的庄严的大楼才是他心中圣洁的学术殿堂。

2009年的暑假他没有回家,留在学校考研。因为是假期,学校安排留校的学生集中住宿在九公寓的一楼,只留下食堂的2个窗口开放,附近的饭馆基本也都关了。常常因为学习忘记吃饭时间,有时几个馒头他也能挺过一个下午。白天蝉噪鸟啾,傍晚聚蚊成雷,他常常学习一天下来就被蚊虫咬得遍体鳞伤……现在回想起来,那段时间蛮艰苦的,可当时却浑然不觉,每天都精力十足。当一个人投入到他所热爱的事业中时,他的苦乐观也随之改变。

大四开学后开始做毕业设计,他只好放慢复习进度,一边复习,一边设计,那一阵真的忙得不可开交。由于江北信息闭塞,他只能靠自己努力去感知即将到来的考验,这使他处于一种茫然状态,不知道自己在考研大军中究竟处于什么位置……到了11月份只觉得那些繁复的知识点快要将他淹没,在多重压力下,他开始有坚持不下去的感觉。当他难受得喘不过气来的时候,他就一个人到足球场顶着风跑两圈,告诉自己不许放弃,要坚强,无论如何都要坚持。有时候,他和亮亮爬到图书馆5楼遐想一下未来。

2010年1月8号和9号,他拖着疲惫的身躯走进了考场。或许由于考前情绪杂乱,他无法做到心如止水,记得数学考卷中有很多题他都没做出来。

寒假回家前又去看了哈工大,哈工大依旧风姿绰约。虽寒风扑面,校门口车水马龙,但看着眼前庄严素朴的大楼,心中却生出无边的怅惘。站在哈工大图书馆前久久凝视,久久舍不得离去。大四最后一学期,看着同学们都抱着课本准备学位证考试,他却丝毫看不进去书,忍着煎熬等待着工大的复试线。终于等到工大分数线的公布,而他却因7分之差无缘工大的复试。他厌恶这样的结果,并惶恐这将是他的未来。4月的一天,当他还在无聊地翻着专业书的时候,传来亮亮已被东华大学录取的消息。想着曾经并肩作战的朋友已载誉凯旋,他却败在沙场上,他的心在震颤。他真的就这么放弃最初的梦想?霎时,一种不甘的委屈在心底蔓延开来。很幸运,7天后,哈尔滨工程大学研招办给他打来电话通知他去复试。第二天他就顺利通过了哈工程的笔试和面试。最终,他被调剂到了哈尔滨工程大学的航天与建筑工程学院。

通过大学4年的洗礼,他逐渐明白,没有什么不可能发生。同时还明白没有任何人会在一天之内成长起来,就像一棵树,10年过去了才见成长。一定要保持生命的热情,不管多么卑微,作为一棵树,内心的种子一定要向往天空,要尽力伸展自己的枝叶去触摸蓝天,去追逐天空的云彩。要相信,有一颗灿烂的心,就一定会收获灿烂的果实。

天行健,男儿以自强不息

——记汽车工程系 0793121 班孙明远

1989年12月,孙明远出生在一个偏僻的小镇里,父母在他3岁时就到哈市打工。他9岁那年春天,父母到山东打工,秋天不幸双双去世。从此他与爷爷奶奶相依为命,他11岁那年进入宾县儿童福利院,2004年以496分的高分考入宾县第三中学,2007年春季福利院解体,同年9月以517分的成绩考入我学院汽车工程系。大一曾担任0793121班团支书,大二曾担任院学生会学习部副部长,大三曾担任院学生会主席。曾荣获省级奖项1项、校级奖项4项、学院奖项15余项,并于2009年6月25日光荣地加入中国共产党。在校期间共获得奖学金及助学金2万余元,并通过勤工俭学挣得4万余元,以此来供应自己的学费和生活费。2010年12月与广汽丰田汽车有限公司签约,成为丰田公司的员工。

这些荣誉背后隐藏了一个个令人感动和不平凡的故事。

面对家庭的贫困,他表现出的是顽强不屈的意志。贫困的生活让他知道,万事都要不断地努力;面对知识的海洋,他表现出的是拼搏进取的斗志。

高考后的那个暑假,他没有像其他同学那样悠闲地度过,而是为了自己的大学学费不断奔波。那个假期,他白天在饭店里打工,夜里还要做一份家教。虽然很苦很累,但是他却从来不跟爷爷奶奶提及工作中的艰辛,每每谈到打工的经历时,都要讲一讲老板对自己的夸奖。短短的一个假期过去了,他拿着自己辛苦赚到的工钱和爷爷奶奶东拼西凑来的学费坐上了开往哈尔滨的列车。

初入大学之时他在很多方面存在着欠缺:不善与人交往,不擅长交际,甚至连在众人面前发表一下看法的勇气都没有。在他意识到这点之后,他便想尽各种办法来提高自己在这方面的能力。在工作和生活中尽量多接触不同的人,并在与人接触的过程中不断告诫自己,要学会欣赏、学会理解、学会宽容。此外,他还积极参加班级干部的竞选。在军训期间,他严格要求自己,夏日的酷暑、教官的批评……都没有使坚强的他有过一丝退缩。凭借着军训中优秀的表现,他第一次拿到了大学的荣誉证书——"军训优秀学兵"。为了克服自己不敢在众人面前讲话的缺点,他在第一次选举班级干部的时候,大胆地站到了讲台上,侃侃而谈他的团支书理念,最后赢得同学们的一致支持,成为班级的团支书。

尽管学习生活中遇到了种种的困难，但面对这些挫折，孙明远从来没有抱怨过，而是通过自己的坚韧铸造出勇者的品质。他常说：上天对每一个人都是公平的，我们每个人都无权选择自己的出身，但却可以改变命运。我们要做的是：在自己比别人幸福的时候，懂得珍惜、懂得感恩；当遇到挫折的时候，要学会坚强、学会拼搏。我要用拼搏的汗水来书写属于自己的无悔青春。

与孙明远有过接触的老师和同学都会很有感触地评价：他拥有一种坚强不屈的性格，一种乐观的精神和永远追求卓越的劲头。他一直是个懂事的孩子，无论是学习还是其他方面他都要做到最好。有人说优秀是一种习惯，而他却认为是追求卓越的过程使得他更加优秀。

来到大学后，孙明远见识到了很多非常优秀的同学，以前的骄人成绩与其他人比起来似乎也没那么光鲜了，从而产生莫名的自卑感。这个时候他找到了辅导员老师诉说自己的心声，老师告诉他："贫困生不仅没什么好自卑的，更要在方方面面表现出自信心来，比其他同学更加卓越。"他深深地记住了老师的话：也许自己不是最聪明的，那就利用同学们休息的时间来学习；也许自己不是思想最进步的，那就主动汇报思想，参加入党积极分子培训班的学习；也许自己不是口才最好的，那就利用学校举办的各种演讲比赛锻炼自己；也许自己不是最有领导力的，那就主动组织班级的同学搞好每次团活；也许自己不是最会与人沟通的，那就积极参加学生会锻炼自己、磨炼自己。

作为班干部的孙明远积极协助老师建设班级，组织班级同学开展有意义的团日活动。四川汶川发生地震后，孙明远组织学生开展"5·12向四川汶川遇难同胞献爱心活动"。通过他与全班同学的共同努力，活动办得很成功，活动增加了班级的凝聚力，也增强了同学们的社会责任感。

每个人拥有的时间是一样多的,要想取得更多的成绩,我们只能和时间赛跑,争取更多的时间。白天的时间被上课和班级工作占去了,为了解决自己的日常花销,他选择晚上及周末到江南做家教,为了在学业上不被其他同学落下,他坚持利用晚上没有家教的空余时间来弥补白天欠缺的学习时间,复习白天课堂上老师讲过的内容。这样的学习、工作方式一直伴随着他走过了大学的时光。经过大学4年的不懈努力和追求,在学习生活的各个方面他都取得了不小的成绩:获得国家励志奖学金2次、德燕励志一等奖学金2次,3次获得学院奖学金、优秀学生干部标兵、优秀学生干部、优秀团员、省优秀毕业生……这些奖项背后是他用汗水和泪水写成的励志故事。

2008年的暑假,他没有回奶奶家,留在了哈市做家教。他在哈尔滨工程大学院内找到了一家一天8元钱的旅店,为了能挣更多的钱,他一天至少安排3份家教,基本上一天吃一顿饭,早上8点出发,晚上8点回来。就这样生活了一个假期,虽然很辛苦,但很充实,他在这个假期共赚了4 000元。大二的那个寒假,他和他的同学决定合伙开办辅导班。年少的他们并没有意识到办辅导班的艰难,租房子就花了半个月的时间,最终在香坊菜艺街租了一间60平方米的房子。通过1个月的努力与准备,辅导班于2008年12月20日正式开课。学生由最初的3名增加到23名,最终他俩共获利11 200元。虽说不是挣得很多,但他们努力之后收获了经验,也收获了付出后获得成功的喜悦,真正懂得了"凡事开头难,贵在坚持"的道理。

在大学,孙明远感受到了学院对贫困生无微不至的照顾,因此,身为学生干部的他,决定要将这种关怀让每一名同学都能够感受到。为了能够更加了解每个班级同学的实际情况,他设了主席团接待日来了解普通同学的问题和困难,也经常走访寝室和大家聊一聊最近的学习生活情况。对于那些生活上特别困难的同学,他一方面会积极主动地向老师反映实际情况,争取学院的更大力度的帮助;另一方面他还会鼓励他们自强,并介绍一些兼职的工作,来帮助同学们通过自己的努力挣得生活费。孙明远是一个很懂得感恩的人,他说:"是亲人给了我呵护,我要回报亲人;是同学给了我勇气和自信,我要回报同学;是学院教会了我做人,我要回报学院;是国家给了我帮助,使我能够完成我的大学梦,我要回报祖国。"他还时常说:"是感恩成就了我,因为感恩,因为不想让别人失望,我要坚持不懈,勇往直前。"

没错,贫困固然让人忍受煎熬,但并不可怕,可怕的是在贫困面前屈服。生活的强者永远不会被贫困压倒,真正的强者总是能够在自己忍受巨大痛苦的时候去关怀和帮助别人,孙明远同学正是这样做的。

"宝剑锋从磨砺出,梅花香自苦寒来。"经过4年的努力孙明远同学终于收获硕果。

2010年12月，孙明远同学与广汽丰田汽车有限公司签约。丰田公司是全球知名企业，2010年预从中国大陆招聘80名新员工，这样的一个数字，即使是211工程大学里的学生肯定也是想都不敢想。2010年10月，东北三省通过互联网投简历于广汽丰田汽车有限公司共有1 000余人，简历筛选后剩余300人，最后160人通过网上测评到长春香格里拉大酒店进行面试。如约而到的有140人左右，其中吉林大学的研究生及本科生就达到100人。在面试之前有一个宣讲会，介绍了广汽丰田汽车有限公司的发展历程及未来发展目标，在宣讲过程中，进行了与学员互动，很多同学都提了问题，孙明远也积极提问题。他与大家不同的是他在提问过程中，是唯一一个做自我介绍的人。第一轮面试是5个人一起面试，按顺序回答5个问题，没有考虑的时间。跟他同组的是2个吉大的研究生和1个吉大的本科生，还有1个哈工大的本科生，他们都来自名校，只有他一人来自三本院校。不知是幸运、自信还是实力的原因，他进入了第二轮。进入第二轮的有48人，经过一场激烈的竞争，最后留下他和其余4个人。广汽丰田汽车有限公司2011年面向全国最终招聘了80人，东北三省招收了6人，最终黑龙江招收孙明远1人，吉林招收5人，其中3个研究生，辽宁没有。

机遇总是留给有准备的人，孙明远同学没有因一时的成绩而止步，而是将此作为新的平台继续努力。2015年，毕业4年的他已经在广汽丰田负责10家4S店的销售和市场。孙明远在众多优秀学子中脱颖而出这不是偶然的，而是他4年来刻苦努力，不断追求学习、思想、生活上的进步的必然结果。

用科技创新体现人生价值

——记机电与汽车工程学院机电工程系0995122班姚辉兴

姚辉兴出生在黑龙江省牡丹江市的一个普通林业工人家庭，陪他长大的是那里成片成片的森林。面对林区落后的经济条件和家庭的贫困，懂事的他从小就帮助家人在深山中干活。采蘑菇、摘松子这样的活对于年幼的他来说早已不陌生。2009年，他考入哈尔滨华德学院，开始了一段自立自强的人生历程。为了减轻家里的负担，他经常利用课余时间做各种兼职，摆过地摊，发过传单，做过服务员。在大二学年的寒假，面对家乡松子大丰收，而收购商不合理压价的现状，瘦弱的他只身一人背着家里的500斤松子来到北京寻求销路，住在没有暖气，又阴冷潮湿的地下室里。面对生活中的困难他从不退缩，他常乐观地说："生活中每一段艰辛的历程，都磨炼了我的意志，更为我的人生道路增添了不可多得的财富。"

姚辉兴是一名品学兼优的好学生。他学习勤奋刻苦,在老师的悉心指导下,通过自己的不懈努力与奋斗,所学的课程中有90%以上的学科考试成绩达到优秀,并以平均分93.70分的成绩荣登本专业榜首。他曾获学校一等奖学金3次、二等奖学金1次,还荣获了"三好学生标兵"荣誉称号。曾被评为2011年度黑龙江大学生年度人物,进入全国大学生年度人物200强。2011年黑龙江省教育厅在省属院校1 046名国家奖学金获得者中选报了2名至教育部,他作为其中之一入选《希望——2011年国家奖学金获奖学生风采录》。他于2010年光荣地加入了中国共产党。入党后,他积极主动地发挥共产党员的先锋模范作用,在劳动中总是冲在最前面,不怕脏、不怕累。在学习上更是发挥他自己的长处,经常把学习有困难的同学组织到一起,利用业余时间为他们讲解考试内容和专业知识,1遍没听懂就讲2遍,2遍没听懂就讲3遍……用他自己的话来说,他是一名学生党员,他要尽自己所能帮助身边的同学,像雷锋同志一样,把自己有限的生命投入到无限的为人民服务当中。

学以致用、开拓创新是时代对当代大学生的要求。姚辉兴努力践行,积极参与其中。初入校门时,他就被学校各类科技活动深深吸引,并决心要参与到这些科技活动中。大一时,他的专业知识还掌握得不多,课余时间也相对较少,于是他就选择进入学院创新社团来扩充自己的专业知识,并逐渐参加一些校内的创新比赛,从智能车循迹比赛到机器人行走比赛,再到全国电子创新设计竞赛,他一点一滴地积累,踏踏实实地进步,经过3年的不懈努力,逐步扎实了专业基础。

大一下学期,他和同学报名参加了全国大学生数学建模大赛。由于是第一次参赛,缺乏参赛经验,最终只拿到了成功奖。但是他却说,通过这次比赛,他收获最多的不是比赛的结果,而是一种精神、一种力量,即共同努力和相互团结协作的精神和力量。在那次大赛后,他及时总结经验,找差距。经过不断的努力,在2010年参加第五届"毕昇杯"全国电子创新设计竞赛时,他和他的队友获得了一等奖。在同学们都为他取得优异成绩而欢呼时,他却暗暗地为自己定下了更高的目标——拿到特等奖。"博观而约取,厚积而薄发。"2011年他又一次报名了该项比赛,即第六届"毕昇杯"全国电子创新设计竞赛,并结合以往赛事的实际情况,调整思路,创新设计方案,合理分配团队成员的任务。他认真地攻克自己遇到的每一个困难,在保质保量完成自己的任务的同时,他又全身心地投入到团队的剩余任务中去。又是一个学期的汗水和努力,他们成功地调试好了新作品。那次比赛仍然是在北京理工大学举办,但是作品运送难度较大,该作品不但怕磕碰,而且体积庞大,于是他们只能将原本调试好的作品拆开,运送到北京后再进行组装,这样做无疑给单片机系统的调试带来较大的麻烦。他和他的队友在到达举办方安排的住处后没有因为疲惫而休息,而是马上进行组装和调试。真正的决战即将开始,距离评判的时间越来越近了。世事难料,此刻他们的作品却不听使唤了。队友都表现得十分焦灼,而他却一言不发,冷静地检查每一个部件。时间在一分一秒地流逝,他终于找出了问题所在,并迅速地将它解决……他们的作品得到评委较高的评价和众多参赛选手的赞赏。颁奖仪式上当评委读到BS2011-441组获得特等奖时,他的脸上漾起了甜甜的笑,用科技创新体现人生价值的愿望终于实现了。

华德学院是一所崇尚技术创新的工科院校,正是创新的理念激励着每一位华德学子,姚辉兴就是其中非常杰出的一位,在他心目中只有科技创新才能将知识转化为力量。毕业后他就职于德昌电机(深圳)有限公司,担任项目经理助理一职。

把握有限青春,创造无限精彩

——记建筑与土木工程学院0996211班鹿焕然

青春是美好的,青春又是短暂的。青春对青年来说是用来学习奋斗的,而奋斗必须有明确的目标。对青春与奋斗目标的认识鹿焕然经历了逐步明确的过程。

在刚上大学时,他一度很迷茫,不知道自己前进的方向,但是他知道在大学一定不能浪费自己宝贵的青春。上大学之前他有一个理想,就是希望能在大学入党,这是他在大学的一个目标。他开始为了自己的目标而努力学习,抓住一切可以让自己成长的机会。在经过了党校的学习和工作的磨炼后,他端正了入党动机,终于在2010年11月5日,成为一名光荣的共产党员。入党后,努力成为一名合格的共产党员是他的目标。他知道,党员是一面旗帜,他要努力地去树起党员这面大旗。因此,他更加严格地要求自己,不断进取。

作为大学生,学习是天职。他在高中是一个特别爱玩的学生,而且经常逃课,他就是老师眼里的"坏学生"。他渴望上大学,因为大学的自由可以让他没有约束地去做自己喜欢的事。可来到华德后他发现,大学更是一个催人成长的地方,华德对于他来说是一个全新的起点。忘掉过去,他要做一个不一样的自己。他决定要丰富大学生活,要让大学生活过得精彩。为此他努力学习,在大学第一次考试中,平均分为87.3分,荣获了学院一等奖学金。他知道学习是一条漫长的路,稍有松懈就会差之千里,所以,他一直努力着。在大学4年中,他的学习成绩没有被繁忙的工作影响,一直在班级名列前茅,共获得4次学院奖学金。在2011年秋季学期担任院学生会主席期间,他期末考试成绩为91.3分,荣获了学院一等奖学金。如果有同学问他,如何处理学习和工作的关系,他的回答是:工作不是占用学习的时间来完成的,而是娱乐的时间。

他担任过很多职务:班级的组织委员、体育部委员、体育部部长、学生会主席和第五学生党支部书记。工作对于他来说就是责任和坚持。作为一名共产党员,他处理事情的心态更平和,做事更加沉稳,责任心更强。疲惫时,是党员二字为他鼓劲。作为班级组织委员,他带领大家将课前五分钟演讲一直坚持到大学的最后一堂课。作为体育部部长,在校运动会那天,他一边组织运动员参赛,一边调动现场气氛,他喊破了喉咙,累到犯了胃病。作为学生会主席,他带领学生会成功组织策划了多次大型活动,如"讲文明、树新风"大舞台比拼活动、"不朽的丰碑,永远的榜样"雷锋精神主题作品展与主题报告会活动等。学生工作的经历锻炼了他,使他具有了很强的责任心和团结协作的作风,使他更有激情、动力、信心去做好属于他的每一项工作。

作为一名党员学生干部,他对待学习和工作极度认真负责。他也付出了百分之二百的努力,在大学4年中,他共获得奖状及证书24件。他在大三担任学生会主席期间,参加了黑龙江省大学生结构设计竞赛,获得了三等奖。这是学院首次参加省里的专业技能竞赛,为学院取得了突破。同时,在大三期间,他荣获了"黑龙江省三好学生"的荣誉。2013年在面临职业选择时,他最终选择了当时全球225家最大国际承包商之一的北京住总集团。

所有荣誉的获得对于他来说不完全是奖励,他认为更多的是对自己的鞭策,是自己不断努力前进的动力。他说,他的动力来自自己的理想和目标,确定理想和目标后,朝着既定的理想目标去努力前行,去奋斗。他因为要成为一名中共党员的目标而努力学习和工作,因为是一名中共党员而事事全力以赴。他认为,奋斗不会是一帆风顺的,我们"不可以一时之得意,而自夸其能;亦不可以一时之失意,而自堕其志"。不管成功与否,都要保持平和的心态。哪怕最后的结果是失败,你也会因为走在这条追逐的道路上收获颇多。面对未来和挑战,只有让理想在这里放飞,青春才可以变得色彩斑斓。拥有青春的人们，拿出华德人开拓的精神、创新的激情，把握有限青春，创造无限精彩。

"苦难"——一生的财富

——记电子与信息工程学院1091211班王岚

有人说青春是一本书，一本打开了就再也合不上的书。而王岚说："苦难是一本书，是一本教人成长的书，这本书我整整读了7年。"父亲早逝，10年前母亲被检查出癌症的时候，王岚突然在一夜之间长大了，也懂事了，再也看不见那个不懂事，不懂得为别人考虑的小姑娘了。母亲去世后，外公、外婆用他们年迈的肩膀扛起了王岚的精神世界，也托起了她的整个天空。

为了减轻外公、外婆的压力，王岚选择了在家附近的职业高中就读。入校之后，她便不分白天与黑夜地学习，竭尽所能汲取每一分知识的养分，努力提高自己的专业技能。3年寒窗苦读与拼搏，历练了她坚韧的品行、求实的精神和扎实的专业基础知识。在校期间曾荣获市级"优秀团员"荣誉称号，并参加省级技能比赛，且取得名次。因为她知道，这是报答家人和关心她的朋友们的最好方式。

知识，是最宝贵的财富，在家人和老师的鼓励和支持下，王岚选择到大学这座知识的殿堂继续学习，完成母亲弥留之际对她提出的最后期望，王岚说她始终相信母亲一直都在天空的一个角落默默地看着她。2010年8月她考入了哈尔滨工业大学华德应用技术学院（2011年更名为"哈尔滨华德学院"）。入学之后，院领导在了解了王岚的家庭经济情况之后,给予她极大的帮助。在王岚知道她成为华德学院一分子的那一刻,她流泪了,这是欣喜和努力奋斗的泪水,那一刻,她觉得实现她梦想的大门在她面前敞开了。也是从那一刻起,她把华德学院作为了自己的新家。她深情地说:"大学,我求道的地方,是他们为我解答了每一次的疑惑、每一次的迷茫,让我的人生充满了希望。"

王岚在学习中特别踏实,一步一个脚印,认真听课,做好笔记,在大学期间她获得3次学院一等奖学金、1次国家二等助学金、1次国家励志奖学金和国家奖学金。在校成绩一直名列前茅,"数据结构"及"微型计算机原理"两门课程曾取得100分的好成绩。王岚不仅自己学习好,还主动帮助同学。每到考试月,她积极响应学院"一帮一"制度,帮助班级学习困难的同学学习专业课,耐心地给同学一遍一遍地讲习题。虽然自己嗓子哑了,晚上还开着台灯看书,但是看到班级同学成绩有提高,她心里有一种说不出来的高兴,十分珍惜这份"赠人玫瑰,手留余香"的感觉。

学院"侧重个性培养、全员成才教育"的办学理念、"两个尖子"的培养目标,激励着王岚朝着"技能尖子"的目标前进。她深知要成为技能尖子,必须通过自己的勤奋努力,使自己的专业技能有大的突破。因此她决定通过 ACM 竞赛这个平台来锻炼自己。在这个平台中她学会了如何使用网络收集有价值的信息,如何与他人交流和沟通,并且懂得了"坚持"的真正意义,磨炼了自己的意志力和增强了创新意识。由于她的执着和努力,功夫不负有心人,王岚获得了 ACM–ICPC 亚洲区域(天津站)大学生程序设计竞赛"优胜奖"、黑龙江省 ACM–ICPC 大学生程序设计竞赛"二等奖"、"蓝桥杯"全国软件和信息技术专业人才大赛 C/C++组一等奖等8项奖项。

成绩来之不易,成绩来源于她的勤奋刻苦。吃苦对绝大多数90后来说是一件难事,但王岚做到了。她没有像别的同学那样享受大学的青春时光,听音乐,玩游戏,看韩剧……她利用仅有的课余时间勤工俭学,在食堂卖过早餐,打扫过教室,做过促销员,当过服务员……她说:"因为每次从一双褶皱的双手中接过沉甸甸的学费都有一种无法言说的心酸。"曾有人问她:"你为什么这么能吃苦?"她说:"因为我相信,苦尽甘来!坚持下去,甜,就离我不远了。"

王岚没有因为学习和打工的忙碌独来独往,而是热心班级工作。入学之初,她就竞选上了班级的团支书一职。本着为老师、同学服务的态度,兢兢业业地工作,不敢有一丝马虎。她曾荣获学院"优秀学生干部"、"优秀团干部标兵"、源科技界"技能之星"荣誉称号。她由于各方面的出色表现,2012年成为黑龙江省大学生道德模范人物候选人,同年11月14日她光荣地加入了中国共产党。入党后,更加严格要求自己。2013年12月在由校团委主办的"为青春导航、为梦想奋斗"的师生主题报告会中,她以"隐形的翅膀,筑梦起航"为主题做了演讲,影响了在座的每位华德同学,是学生们的榜样。

107

2013年12月在"国家资助 助我飞翔"全国励志成长优秀学生典型宣传评选活动中,经省教育厅专家评选,她从全省500多名参选者中脱颖而出,被授予"优秀学生典型"。

2013年8月,通过老师的帮助及自身努力,她开始在百度(中国)有限公司上海分公司的研发中心商务搜索测试部带薪实习,专业知识得以应用。为让自己的计算机专业知识得到更多应用,她辞去百度的工作,2014年,经努力与思科系统(中国)研发有限公司成功签约,月薪万元。王岚说:"在今后的日子里,我会更加努力地学习,不断完成从稚嫩到成熟的蜕变。因为我尝到了苦难带给我的苦,也品到了成功带给我的甜。"

拼搏进取 追求卓越

——记电子与信息工程学院1092312班尤燕飞

凡是认识、了解尤燕飞的人,都能从他身上看到当代优秀大学生的"拼搏进取,追求卓越"的精神风貌。

出身于农民家庭的他早早地就理解了生活的艰辛,从小就养成了自立、自强的良好生活习惯,在生活中勤俭节约,乐观开朗,他常常要求自己以责人之心责己,以恕己之心恕人,以豁达的态度对待生活。他善于解决生活中遇到的困难,因为磨难能够让他变得更加强大,使他不断取得进步。

尤燕飞同学自入学以来,踊跃参加各种活动,热心帮助同学,积极向党组织靠拢。自入学递交入党申请书以来,定期向党组织汇报思想,认真学习党的理论知识,加强党性修养,提高自身综合素质与能力;参加了党校积极分子和预备党员培训班,积极完成组织交给的各项工作,努力学习马列主义,追求真理,对"马克思主义原理""中国近代史纲要""养成教育"和"大学生职业生涯规划"等课程有着浓厚的兴趣。他说:"大学生是先进的代表,自己一定要做到先进。"曾在大一军训中获学院"军训优秀学兵"荣誉称号,在积极分子培训班中荣获"哈工大党校优秀学员"称号。2012年11月加入中国共产党,成了一名中共党员。入党后,他帮助老师做好学生思想工作,积极投身党建工作。2013年,担任班级党支部书记一职以来,班级党员发展工作开展得有声有色。

尤燕飞学习勤奋,他深知作为学生,首要的任务就是学习。因此在学习上,他勤奋刻苦,成绩优异。大学4年中,平均成绩在全系排名前三,在全班第一,平均成绩为92分,通过了全国计算机等级考试二级和大学英语四、六级考试。4年中荣获学院一等奖学金4次、学院二等奖学金2次,荣获2011~2012年度"国家励志奖学金"。除了抓好自己的学业,他还经常在业余时间帮助班级中学习上有困难的同学,在同学中有很好的口碑。

(左二为尤燕飞)

他在即将毕业的时候选择了继续深造,在报考 2014 年全国硕士研究生时,他毅然报考了难度很大的哈尔滨工业大学电气工程及其自动化专业。他说:"如果说我考工大有千分之一的希望的话,那我就是争取从最初的千分之一去实现最后的百分之百,考不上也不后悔。"他坚信他人能做成的事,通过自己的努力就能够实现。凭着扎实的理论功底和勇往直前的勇气,经过半年多的刻苦钻研学习,最终他在全国硕士研究生考试中以 390 分的好成绩成功考取了哈尔滨工业大学电气工程及其自动化专业硕士研究生。

尤燕飞同学很爱思考,对于大学他有着独特的理解。他总说:"大学应形成自己的世界观、价值观、人生观,要做有思想的人,不仅仅要学习书本上的知识,还要学习社会上的各种知识,树立终身学习的意识,培养自学能力,提高创新能力,做一个视野开阔的大学生。"他本着充分发展自己、提高自己的想法,积极参加各种大赛,认真学习专业技能知识。入学后就参加了学院的电子协会社团,社团的学习为他打下了动手实践的基础。通过努力,他在 2012 年参加了全国大学生"飞思卡尔"杯智能汽车竞赛,和队友经过近半年的努力调试,荣获了"全国二等奖"的好成绩。为了学好数学、用好数学,他在 2011 年秋天参加了全国大学生数学建模竞赛,通过赛前的认真准备和赛中的拼搏,最终他取得了"黑龙江省一等奖"的成绩。数学建模竞赛刚结束,他就赶忙着手准备黑龙江赛区的全国大学生电子设计竞赛(瑞萨杯)。经过 6 天昼夜不分的调试,他和队友再次得到幸运女神的眷顾,荣获了"黑龙江省二等奖"的好成绩。

尤燕飞同学工作认真负责,入学以来,他在班级担任学习委员一职,积极协调任课老师和同学之间的关系,既是老师的好帮手,又是同学的好学委。他在班级组织开展

"学习一帮一"活动,经过努力,营造了很好的学习环境,班级成绩稳步提高。此外,他还组织同学组成专业课和英语学习班,在课外时间进行专业课学习和英语学习。他踊跃参加院系组织的各项活动,在2011年学院举办的夏季运动会中表现突出,荣获电子系第五届田径运动会"先进个人"称号,还荣获了2010~2011年度"优秀学生干部"称号、2012年学院"优秀团员标兵"称号。这些荣誉的取得没有让他骄傲,他反而更加努力地去奋斗、去拼搏,因为"拼搏进取,追求卓越"已成为他追求的目标。后来他如愿以偿成为哈工大的一名研究生。

用知识和技术服务社会

——记机电与汽车工程学院机电工程系1095123班侯帅丞

侯帅丞出生在四川省广元市一个普通的农民家庭,父母一直靠家里的几亩地维持生计。蜀地农村生活的熏染,让他诚信、淳朴和善良。

他读初二那年,其父在食品加工厂因过度劳累而将右手食指切断,不久,其母遭遇车祸,住院3年。父亲因不得不照顾母亲而无法工作,家里连吃饭都成问题。邻居们知道此事后自发组织起来,轮流叫他吃饭,并接济他读书的学费。这让他深深地感受到了社会的温暖,让他学会感恩、坚强和勇敢。艰苦的生活没有让他对学习失去信心,在高中时他参加了广元市科技创新大赛,作品《关于硫酸型酸雨防治措施的调查报告》获广元市二等奖。他曾被国家级示范性普通高中——四川省苍溪中学评为"校园之星"。

2008年5月12日,汶川发生了8.0级大地震。其所在学校一片混乱,情况危急。

在老师的组织下,他为学生发放食物和水,稳定同学们的情绪。虽然自己并不富裕,但是他掏出自己仅有的零花钱为重灾区捐款。时值酷暑,余震不断,他不顾自家露宿野外的处境,骑着三轮摩托车加入了当地政府义务抗震救灾工作的队伍中。整整一个月,他都忙着为老乡搬运物资,搭建帐篷。他由于在抗震救灾期间表现突出,于2008年12月10日光荣地加入了中国共产党。从此,他把自己全身心地投入到了无限的为他人服务当中。

2010年侯帅丞考入哈尔滨工业大学华德应用技术学院。进入大学后,他努力刻苦学习,学习成绩名列前茅,所学的课程中有90%以上的学科考试成绩达到优秀,并通过了大学英语四级考试。2012年以平均分92.64分的成绩荣登本专业的榜首。曾获校级一等奖学金1次、二等奖学金3次;2012年获得国家奖学金,并于同一年获得黑龙江省大学生年度人物奖。他处处严格要求自己,积极配合学院、分院开展党建工作,带动同学参加科技创新活动和学校各种大型活动,他良好的工作能力得到了老师、同学的认可和好评。

以自己所学的知识服务于社会,是侯帅丞的追求和理想。鉴于当前邮递行业人工操作还普遍存在,他决定开发一款智能邮件分拣设备。思路确定后,他便开始设计方案,绘制图纸,并反复论证设施的可行性和实用性,最终选择用电子标签、ARM控制器、传送带和气缸推杆技术开发产品。各种零件对专业性要求比较高,对于刚接触专业知识的他来说处处是难点,走了不少的弯路。好在他坚韧不拔,注重方法,耐心研究,最终克服了种种困难,成功做出了产品。2012年6月2日,他带着这套智能邮件分拣系统参加了在北京理工大学举办的第七届"毕昇杯"全国电子创新设计竞赛,这是他第一次参加全国性的比赛,并获得了全国一等奖第一名。第一次用辛勤与汗水换来了成果,他格外兴奋。此时想起先前的无数个通宵已经不值得一提了。顾德库校长还特意为此次参加比赛的所有队员题诗祝贺。

在原有邮件系统的基础上,他又经过对系统的完善研发出了一种邮件包裹分拣和记录装置,该装置于2012年7月14日成功申报国家实用新型专利,成为华德学院首个学生专利,光明网、中国报道网、黑龙江新闻网、《生活报》均进行了报道。这极大地鼓舞着他继续奋进,积极努力考研,争取进一步深造,用更深层次的科技创新来回报社会和服务人民。功夫不负有心人,2014年他成功考取了重庆大学的硕士研究生。

勤奋好学，筑成"清华梦"

——记机电与汽车工程学院1102111班董常青

自学校"百名研究生计划"实施以来，每年都有一些同学考取硕士研究生，2015年考取清华大学硕士研究生的董常青同学是他们中的杰出代表。

董常青出生于安徽省无为县的一个普通农民家庭，受家庭影响，董常青从小自强自立。艰苦的生活让他早早成熟，也让他在幼年时就敢于面对现实——知识改变命运，要想建设家乡，必须好好学习。就这样，从小学到中学，董常青一步一个脚印，朝着自己的理想脚踏实地地坚实迈进。

上了大学之后，华德的"百名研究生计划"激发了董常青考研的决心。大二时，他开始确定考研的目标，他心目中的理想学校是上海交通大学。他当时虽然把考研当成了目标，可是他还是想凭着努力学习专业知识，在毕业后能找到一个好工作。因为当时新闻报道说很多研究生找不到工作，所以当时的他也陷入了矛盾。一方面他想考研，另一方面又想赶紧找个好工作。为此，他不仅学习学校开设的课程，还学习他认为将来工作中能用得上的课程，如UG、PROE、工商管理、企业管理等等，他认为自己学会了肯定有用。大三的时候做课程设计，他没有借到减速器模型，网上也没有搜索到，他就自己用UG做了一个，并且共享到了网上，这估计是第一个发在网上的减速器三维模型，很多人下载了。因为家庭条件不好，考虑到父亲多年的操劳，董常青在决定考研的同时，也为自己留了一条"后路"。2013年12月，台达集团到学校招聘。凭借着扎实的理论功底、优异的专业知识，董常青轻松通过了 4 轮面试，被台达集团录取。工作协议中有一条就是，如果他考上了研究生，就自动解约。这样，董常青得以在接下来的一年中没有后顾之忧地投入考研复习之中。

考研需要具备扎实的理论知识和专业基础，他有意识地把每一门专业课知识都学好。如果哪门课没有听懂，他就去别的老师那里蹭课。董常青说："大二时，我理论力学没有学明白，就去程燕平老师教的那个班去蹭课，因此也认识了很多新同学。"程燕平是哈工大的教学名师，曾获哈工大首届"我心目中的好老师"称号。像程燕平这样的哈工大教学名师在华德的课堂上能见到许多位，有这么好的老师讲课，董常青的专业基础知识打得很牢。同时，他在学好学校开设的课程的同时，还自己选择了一些感兴趣的科目自学。大三下学期，董常青经常跟正在复习考研的学长杨金豹一起学习，杨金豹教会了他怎样更合理地安排时间：每天晚上 10 点之前睡觉，早晨 6 点起床。他一边学习学校开设的专业课，一边和学长学习考研的知识。这个时候，学校开设的专业课对于他而言已经算是非常简单了，可是他依然没有逃过课。他清楚，扎实的专业基础是靠一门门专业知识累积起来的。复习考研期间，他把考研所要考的科目——机械设计和机械原理反复地复习，不懂的就去请教他们的专业老师，或者到学校图书馆查找资料进行自学，直到把所有的知识点都弄懂弄透。2014 年 9 月，董常青在网上搜到了往年清华机械设计基础的回忆版真题，上面说连续 2 年都考到了画零件图，分值为 12 分，还有滑动轴承，分值大约为 15 分。于是，从那时起，他每天早晨起来首先画 1 小时的图，将机械设计的所有常见零件图都照着画一遍，并花了大约 1 周时间将滑动轴承彻底弄懂了。虽然那年没有考这些，很多他认真准备的内容也没有考，但他觉得，这一切都是值得的。既然选择了做学问，就应该做到"诚毅求真"。正是这种一丝不苟的学习态度，成就了他的清华梦。

考研是个很枯燥、很寂寞的过程，也是考验耐力和忍受力的过程。2014 年的 3 月一直到考研结束，10 个月时间，是董常青大学学习生活中感觉最枯燥、沉闷的一年，也是感觉最充实、最有收获的一年。在枯燥、寂寞中他用毅力坚持了下来，在等待中获得了成功。报考清华研究生既要有扎实的理论知识和专业基础、优秀的学习成绩，也要有足够的勇气和信心。

2014 年 6 月，董常青在网上查询有关清华研究生招生信息的时候，发现每年对外招生的人数都少得可怜，而且敢于报考清华的大多是国家重点高校的学生，211 工程大学的学生也没有多少敢于报考的。有人在网上发帖子说要报考清华研究生，回帖的大多是泼冷水的。三本院校的学生报考清华考研成功的，并且是学机械的似乎没有，其他专业的也很少。很多人都说三本院校的学生即使考研的笔试分数线达到了要求，但是

113

也会在面试的时候受到很大的歧视，除非初试第一，老师没有理由刷你，否则面试老师一看是三本学校的直接卡掉。这让他一度很彷徨，不过他挺过来了。他告诫自己：别人的看法是别人的，我就是要考上，证明给其他学校的人看，我们三本院校出来的本科生不比他们差，甚至比他们优秀。董常青正是带着这份自信和执着，进入了清华园，去实现他儿时的梦想，成为一名机械工程师，更好地建设自己的家乡。

通往成功的路总在施工中

——记机电与汽车工程学院汽车工程系1102711班朱经纬

朱经纬出生在一个农村家庭，由于家庭经济困难，祖父、祖母身体不好，父母不得不外出打工，养家糊口，因此他从小就在外乡的舅舅家中长大，直到后来他上了中学，才回到家乡。

他明白，对于一个农村的孩子来说，要想改变现状，唯有通过学习才能够实现。所以，从他上小学那天起，他就励志要好好学习。为了取得好成绩，不让家人失望和不违背自己当初立下的志向，他比其他孩子付出了更多的努力：每天早上绝对是第一个到校的，上课时绝对是第一个举手回答问题的，下课后绝对是第一个问老师问题的，背书绝对是第一个背完的，放学后绝对是最后一个走的……果然，功夫不负有心人，他的成绩在班里一直都很优秀，如愿地考入了他们县城最好的省重点高中。

就在他高三认真备考的那一年，老天爷和他开了2个很大的玩笑，他曾连续2次因为意外病倒，住进了医院。第一次，居然是得了一般只有在儿童身上才会有的脑膜炎，而且这次他病得特别严重。又因为这是传染性的疾病，所以他足足住了一个月的院。

这一个月里,他的爸妈抛弃了手头上所有的事情,在医院里每天24小时地轮值照顾他。那个时候他就暗下决心,等病好了之后一定更加努力学习,来报答他的父母。一个月后,他终于又回到了学校学习,进入紧张的高三复习阶段。由于他大病初愈,再加上不注意身体锻炼,他经常感冒,直到最后得了重感冒加上发高烧,这下他实在是有些扛不住了,可又怕耽误学习,就自己在药店买了一些感冒药和退烧药缓解了一下。谁知道意外再一次发生了,他居然因为吃感冒药过敏,得了非常严重的全身性荨麻疹,而这病在他们那个小小的县城里又无法治疗。就这样,前前后后,又耽误了将近一个月。

功夫不负有心人,高考他终于考过了本科线,虽然有些不尽如人意,离二本线还差那么几分,不过他并不后悔,因为他真的是尽力了。

和许多大一的新生一样,刚到大学的他对一切充满迷茫,不知道什么才是自己真正该做的,什么才是自己真正想要的。直到后来的一次偶然机会,他有幸加入到了学校的机电创新实验室。加入创新实验室后,由于原来的他没有任何一点关于单片机方面的基础,因此学起来感到十分吃力。但有老师和学长的耐心帮助与指导,加上自己的刻苦努力,他这一路走来,还算比较顺利。也许是科技的传承,抑或是榜样的力量,加入创新实验室后不久,2012年他参加了第七届"毕昇杯"全国电子创新设计竞赛,他设计的智能爬壁车取得了国家大奖,但他并没有满足取得的成绩,而是继续努力。2013年在第八届"毕昇杯"全国电子创新设计竞赛中,他设计的智能大棚管理系统取得了一等奖第五名的好成绩。顾德库校长得知他获奖后题诗一首:"全国赛事又出征,荣获甲等一五名;去岁特级二三奖,今朝再显劲族风;一以贯之人才奋,确定方针志成城;凝心聚力高水准,勇攀继进更创新。"当有人问及他是凭借怎样的毅力才取得今天的成绩时,他总是说:"通往成功的路,总在施工中。"如今他的智能大棚管理系统已获得国家实用新型专利。

他在大学4年中曾获校级二、三等奖学金多次,并获得过国家奖学金,多次获得"三好学生"荣誉称号,并担任机电控制创新专业社团副社长一职。他因出色的表现,荣获了2013~2014年度黑龙江省大学生年度人物提名奖。毕业之前,他就已经成功应聘至南京恒淼网络科技有限公司,担任经理助理一职。

努力拼搏　青春无悔

——记艺术与传媒学院1104111班吴洪玉

"青春是火,燃烧我们年轻的光华;青春是灯,照亮我们美丽的年华;青春是路,指引我们从青涩走向成熟。"这首诗正是吴洪玉4年大学生活的写照。大学4年,她不断地挑战自我,充实自己,从年少的青涩逐渐走向成熟,从一个幼稚的青年成长为一名中共预备党员。

　　大学是培养创新能力和思维能力的天堂,吴洪玉的大学生活是忙碌而又愉快的。她坚信作为学生,学习在任何时候都是第一要务,因此她时刻以一颗热情饱满的心来面对学习,努力认真,一丝不苟,学习成绩一直在班级名列前茅,多次获得校级奖学金,并且获得过国家级奖学金。她在掌握扎实的基础知识的同时,还广泛涉猎与专业相关的各类知识,并能够融会贯通地应用于实践。她于2014年报名参加了全国大学生广告艺术大赛,在设计过程中她倾注了大量的努力和全部的心血,每日钻研所选择的命题,主动请教老师,一次次修改所设计的作品,又一次次地否定,总是达不到她理想的效果。最后,功夫不负有心人,在第六届全国大学生广告艺术大赛比赛结果公布的那一瞬间她觉得,付出的所有辛苦都是值得的,2套作品先是获得省级一等奖和二等奖,并且全部入围参评全国奖项,最终分获全国一等奖、二等奖,开创了我校学生在该项赛事中获奖的先例,在省内也独占鳌头。当在英国考察的顾德库校长得知吴洪玉同学获奖后,作诗一首:"吴楚有才逊冰城,洪荒至今创造功。玉汝成琢大器,好在华德又践行。"吴洪玉看到这首诗非常激动,激动的同时,更多的是感谢,感谢指导老师的指导,感谢学校的支持。她相信年轻的时候必须选择努力奋斗,树立目标,并要坚持不懈。无论结果如何,只要努力过,就没有遗憾,就不会后悔。年轻人一定要尝试,要相信自己,自信创造未来。成绩的获得更坚定了她积极参加赛事的信心,在紧张的毕业设计过程中,她又报名参加了第十三届上海国际大学生广告节,获得了三等奖的成绩。这次赛事她得到了更多的锻炼,同时也认识到自身的不足,明确了努力的方向。

　　她一直热衷于学生工作,喜欢为同学们服务,以身作则积极带领同学,起到很好的

表率作用。在大学期间她曾任职于学生会宣传部,做过辅导员助理、班级的心理联络员和公寓副楼长,在每一个岗位上,她都能够做到充满热情,有极强的集体荣誉感和责任感,勇于创新,受到同学和老师的一致好评,并曾获得"三好学生"荣誉称号。3年的学生干部的经历让她收获颇多,在服务同学的同时,也培养了她组织管理的能力、社交能力,增加了交流技巧,并积累了大量的工作和实践经验,综合素质得到了全面提升。

由于吴洪玉各方面的优秀表现,她在2014年获得了国家奖学金。在获得国家奖学金后,她曾经深情地说:"国家奖学金,不仅仅是一种荣誉,它的设立,寄托了党和国家对我们的殷切期望。而从某种意义上来说,更是一种责任,它促使我们学会高效学习,给予我们继续前进的动力,更重要的是,它教会我们感恩,回报社会。督促我用激情和热情使我的大学生活多姿多彩,让我能够不断地提升自己、雕琢自己,最终让我一步一步实现自己的梦想。在继续前行的过程中,可能充满各种挑战和荆棘、坎坷与挫折,但是有了老师和同学的鼓励与支持,我会以百倍的信心和万分的努力去勇敢地面对,戒骄戒躁,用辛勤的汗水和默默的耕耘去谱写更为美好的明天。"

自强自立,扬起梦想的风帆

——记艺术与传媒学院1204123班候春平

候春平出生在一个很普通的家庭,家庭并不富裕。在她6岁那年,她的父母离了婚,她和妹妹跟随母亲一起生活。虽然处于破碎的家庭中,但她并没有因此而没有自信,变得自卑,也没有去怨恨自己的父母。她知道母亲养大她和妹妹的辛苦和不易,她也知道只有好好地读书,才能改变自己的命运。所以她选择了求学这条路,希望通过学习来实现自己的梦想。

回想起过去求学路上的坎坷，她至今难以忘记。母亲患有精神疾病，在她的记忆里，她已经不能确切地说出母亲到底发病多少次了。每一次生病，她都会因此耽误一段时间的学业。9岁那年，记忆里母亲第一次发病，跑去学校找她，老师和同学都不敢靠近她母亲，有的同学还嘲笑她母亲是疯子。就这样她牵着母亲的手回了家，此后一直辍学在家，帮助姥姥照顾母亲。每天看到母亲因为药物而嗜睡的样子，她的心都揪着地疼。夜晚的时候，她蹲坐在房门前，双手托着下巴，久久地注视着天空，看到了流星，就会立马对着天空许愿，希望妈妈的病能早日康复。终于在几个月的精心照料下，母亲的病情逐渐好转起来，她又重新回到了学校。

她的母亲虽然没有什么文化，但是为人朴实能干，非常节俭，不会在自己身上多花一分钱，她把努力挣来的钱全都用来供孩子上学了。她的妹妹和她只相差2岁，她们俩都上初中的时候，妹妹说什么都不去上学了。直到后来她才得知妹妹是因为家里条件不好，想减轻母亲的经济负担，才说什么都不肯上学的。她在心里感觉亏欠了妹妹许多。她曾经也有过不争气的选择，她抛弃了学业，姥姥和母亲劝说一夜无果。她选择离开学校，因为她真的受不了什么都要比别人次的情况。因为家庭条件不好，没有练习册；因为家庭条件不好，她穿得很破。她很想通过自己的努力改变这种情况，所以初三那年，她以年组第一的学习成绩而辍学，选择在餐厅当一名小服务员。工作很苦、很累，常常半夜2点多才休息，就这样坚持了1年，算是半只脚踏入了社会，饱尝了人情冷暖，并且很后悔当初的选择，很想回到学校继续学习。

直到后来，一次偶然的机会，通过职业学校的招生，她来到了哈尔滨永源职业高中，那里的学费很低，花销还不是很大，她又回到了她热爱的校园。因为自己没有完成初中的学业，有些知识衔接不上，她很着急，很害怕自己跟不上，就自学了三角函数的那一部分。每天晚上在寝室当别人在玩手机或者闲聊时，她都会拿起课本研究自己不会的知识，她还把初中的英语书拿到学校去重新自学。由于她的勤奋，第一次月考的时候她考了班级里的第一名，得到了老师的信任，当上了班长。后来又通过老师的介绍，在食堂里找了一份工作，每个月可以不用交餐费，也减轻了她的经济负担。她知道只有知识才能改变命运，她再也不会因为任何困难而放弃学业了。

2012年9月，她以学校总分第一名的成绩考入哈尔滨华德学院。还没等上学，她的问题又来了，学费真的很昂贵，家里根本拿不出那么一大笔钱。母亲这一辈子没读过几天书，真的不希望她像自己一样，于是向家里的亲戚四处借钱。为了凑够学费，高考过后，她就找了一份服务员的工作。母亲也一直在打零工，终于在开学的前几天凑足了学费，钱拿在手里，感觉沉甸甸的。入学后她的每一个寒暑假都过得很充实，都会利用假期的时间去找一份工作，挣够自己下一个学期所需要的生活费，以此为母亲分担。

刚进入大学时,也有着小女生对大学的憧憬,觉得什么都是新鲜的,好玩的。可是,她也没有忘记自己来这所学校的目的——学好专业课,锻炼自己各方面的能力。不得不说,大学不仅是一个锻炼人的地方,也是一个考验人的地方。在大一到大三这段时间,她一直在努力学习,在班级里担任班长一职,并成为一名正式党员,获得过一等奖学金4次、励志奖学金2次、省级三好学生荣誉、校级三好学生荣誉、校级优秀学生干部称号,在2014年韩国国际公共环境设计大赛中荣获国际金奖。

在荣誉面前,她保持着清醒的头脑,她说:"这些都不足以使我骄傲,它们只能代表我曾经的努力,未来的路还很长,成功永远是留给有准备的人的。所以,从踏进校园的那一刻起,我就开始准备着。我会不停地朝着既定目标前进,遇到困难或挫折时,用毅力、勇气和智慧来扬起梦想的风帆,让理想的船舶平稳驶向海的彼岸。"

脚踏实地 不断进取

——记经济管理学院1205111班罗华倩

罗华倩是一个乐观开朗的人,在她看来每个困难一定有解决的办法。天即使再黑,只要用心,也能看到路。正是秉着这种想法,她在学习、生活中从不向困难低头。2012年入学以来,先后取得了院二等奖学金、优秀团员、三好学生、院一等奖学金、优秀演讲者、国家励志奖学金等荣誉和称号。

罗华倩是积极向上的学生。自入学以来,她一直积极向党组织靠拢。刚上大一她就递交了入党申请书,并很荣幸地在大二上学期就被选为入党积极分子。她深知自己离一个真正的党员还有一定的距离,因此她从未懈怠,认真学习学校安排的党课,记录笔记,写党课总结和思想汇报,积极准备着迎接党组织的考验,使自己早日成为一名真正的党员。

罗华倩是位普普通通的学生。她参加过辅导员助理的选拔,虽然没能选上,但她还是积极参与各项活动,并在专业课老师的带领下,积极准备各种全国大赛。在工作方面,她始终保持着积极的热情。她觉得有些工作、有些事情,不一定非得是干部才能做,每个人都可以为集体做自己力所能及的事情,那是一种锻炼。在专业课实训时,她力所能及地帮助老师,得到了老师和同学的认可。

罗华倩是位勤奋好学的学生。她深深懂得学生的首要任务就是学习,要不断进步,用知识武装自己。因此,她能够心无旁骛地全身心地投入到基础课和专业课的学习中去。她能够做到课前预习、课上认真听讲,积极地与老师配合;在课后,能够及时并高质量地完成老师布置的学习任务;在考试之前能够把老师平时所讲解的重点知识认真复习。她的努力得到了回报,在每次的考试中都能取得较好的成绩。所学的课程优秀率达90%以上,多次荣获学院一等奖学金、二等奖学金,获得了国家励志奖学金。

罗华倩在生活中是一个积极乐观的人,也是一个愿意帮助别人的人,她认为如果想努力走出一条自己的路,那就必须乐观。任何一条路都是艰辛之路,付出不一定百分之百有回报,但是如果不付出,连百分之一的回报都没有。入学以来,她没课就会去图书馆。经过不懈的努力她不仅获得了各种奖学金,还取得了英语四级证书和单证员证书。那一刻,只有她自己知道,无论生活多么艰辛,付出后有了收获,就是最美好的生活。在和同学相处的过程中,因为她直率和敢作敢当的性格,也结识了很多挚友。她们一起学习,一起去图书馆,也常常有别的专业的同学来找她问问题,她都会努力找资料给他们解答。她不怕他们考得比自己好,因为在帮助他们的同时自己也得到了提高。她不仅在学校乐于帮助同学,还利用寒暑假回家积极参与一些实践,比如为村里的老年活动室送送报纸、扫扫地,帮助照顾村里的老人。

罗华倩是一个不满足于现状、不断进取的人。她曾经在申报国家奖学金的演讲会上讲道:"大学是一条分岔很多的路,你的任何一个选择都会走向不同的人生。我常常以为,我每天早起读单词,上课认真听讲,课后复习,考前一个月突击,然后能拿奖学金,能拿到大学英语四级证书,考取单证员证书,已经很不错了。可是当我了解到我的一个高中同学都已经通过了雅思到英国留学的时候,我才意识到自己与别人的差距。所以有时候,你不了解外面的人在走的路,你会以为你的这辈子能如此已然很不错。但是当你惊醒时,你会发现,你的世界不过是小小一隅。你常常以一句知足常乐来聊以自慰,但是终有一天你会发现,那不是你想要的。所以不要在你可以拼尽全力的日子里选择内心焦灼的安逸。要走最远的路,看最美的风景!我,罗华倩,必将如此!"

成长就是不断地突破自我

——记外语学院 1206212 班范秋红

大学是人生的重要转折点,要想真正学到知识和本领,除了继续发扬勤奋刻苦的学习精神外,还要适应大学的教学规律,掌握大学的学习特点,选择适合自己的学习方法,当然最重要的就是学习上要高度自觉。范秋红就很好地做到了自觉学习,为同学树立了榜样。她的学习态度端正,学习目标明确,勤奋刻苦。从入学起她就为自己制订了详尽的学习计划:

大学一年级是她收获最多的一年,她以最快的速度适应了大学生活,并积极投入到学习中。起初她的俄语并不好,为了改变这一状况,她报名参加了外语社团,每天坚持参加外语社团组织的晨读活动。同时,课余时间也不忘进行俄语语音及语调的练习。经过一年的不懈努力,语音有了很大的改变。大学二年级起,为了让自己的发音更加标准,她每天6点起床参加晨读,从未迟到或旷读,这已经成为她学习的必修课。

无论学习哪个专业,积累是十分重要的。正所谓"不积跬步,无以至千里;不积小流,无以成江海"。更何况学习语言要求学习者知识面要广,词汇量更要多。她深知要想学好俄语,不断积累是十分必要的,必须要增加自己的知识储备。因此,从大一起她就开始不断积累词汇及俄语相关知识,上课认真听老师讲每个知识点,并做笔记。课下,阅读俄语专业书籍,做了大量俄语习题,积累了经验。为了检测自己的专业能力水平,2014年5月份,她报名参加了全国高校俄语专业四级考试,并于9月取得了俄语专业四级证书。

她的梦想就是成为优秀的俄语翻译,为了这个梦想,她不懈地努力着。要想成为优秀的翻译,首先就要听得懂,讲得明白。为了让自己的口语表达得更流畅、自如,她经常会主动与外教进行交流。在锻炼口语表达及听力的同时,还能更多地了解俄罗斯习俗。她认真完成各科老师布置的口语表述作业,将所学知识运用到实际中。空闲时间也会观看俄罗斯电视剧或收听俄语广播,提高自己的听力水平。

2014年全国高校俄语大赛对于范秋红同学来说可以说是一个转折点,具有重要意义,她在这次比赛中学到了很多。在她参加校内选拔时,听到最多的声音就是"去就是丢人",曾有一刻她也想放弃这次机会,但她内心更多的声音是"我想见识更厉害的人"。最终,她实现了愿望,参加了这次汇聚全国优秀俄语大学生的大赛。当笔试成绩公布时,看到自己并没有进入复赛,她并没有失落,相反,这激励了她努力学习的热情。这次比赛对她来说收获最大的就是懂得了尝试,不要被未知吓倒,努力不一定有回报,但是不努力就一定什么也得不到。比赛结束后,她回顾比赛细节,总结经验,找出自己的不足,决心加以改正,努力把自己培养成一名应用型人才,在今后有所作为。

大学的学习不仅要求大学生掌握比较深厚的基础理论和专业知识,还要求重视各种能力的培养,除了扎扎实实掌握书本知识之外,还要培养研究和解决问题的能力,应该具备一定的工作及人际交往能力。作为班级干部,她工作认真负责,积极投身到班级学风建设任务中,起着带头作用。她的能力得到了老师的认可,曾担任课教师的助教。她认真完成老师布置的各项任务,在老师和同学之间起到一座桥梁的作用,向同学传达老师的命令,向老师反映同学的学习和生活中的问题,和同学保持良好的关系,在班级中有很好的评价。

范秋红同学注重社会实践,为了成为更优秀的人,提高自己的能力,她不断努力,不断尝试。高中刚刚毕业就找了一份工作来磨炼自己的毅力。2014年还参加了首届中国-俄罗斯博览会实习,通过自己的努力,她找到了一份销售茶叶的兼职工作,她利用自己的语言优势,向俄罗斯游客介绍茶叶,得到老板的称赞。这次实习让她在实践中锻炼了自己的口语表达能力与人际交往能力,大大增强了自信心。

总之,范秋红同学是一名德、智、体全面发展的当代优秀大学生,该同学在各方面表现都比较突出,切实起到了模范带头作用。大学生活,给了她许多锻炼机会。她从实践中不断吸取成功的经验和失败的教训,她努力提高自己的各方面能力,如今,她能更加冷静地面对并独自解决问题了。一名优秀大学生所应当具备的勤奋好学、吃苦耐劳的精神在范秋红同学身上得到了很好的体现,她的所作所为受到师生的一致好评。当然,现在所有取得的成绩对她来说绝对不是终点,而是奋斗的另一个起点。相信范秋红同学在今后会更加努力,勤奋刻苦,勇往直前。

第七篇　优秀校友篇

哈尔滨华德学院自建立至今,为社会输送了近2万名毕业生,他们在工作岗位上因进入角色快、动手能力强、综合素质高,深受社会和用人单位的欢迎。近2万名毕业生在各自的工作岗位上为国家做贡献,涌现了一批为母校增光的优秀校友。下面5位校友回顾的在母校学习以及走上工作岗位后的成长经历和总结的经验告诉我们大学应该如何度过,青春怎样才能绽放出绚丽的光彩,给我们以启迪。

志存高远,不忘母校恩

——记机电与汽车学院 2010 届毕业生魏进

我是机电与汽车学院汽车应用专业 2010 届毕业生魏进,现在哈工大航天学院飞行器动力学与控制研究所攻读博士学位,从事航天器动力学与控制方向的研究与学习。该研究所是我国第一个从事深空探测研究的科研机构,为我国开发和利用空间资源做出了巨大贡献。

2006 年,我与同学一样,背着行囊走进了母校华德,开始了自己向往的大学生活。4 年的时光匆匆而过,同学的音容笑貌、老师的谆谆教诲,特别是顾校长那深情的演讲时刻浮现在我眼前。今天,我能在学业上取得一点成绩与母校对我的培养是分不开的,所以我要感谢母校华德为我们创建了良好的学习氛围,要感谢专业老师、辅导员在专业知识和心路历程上对我的帮助与指引,也感谢 0693101 班同学们的支持和给予我的温暖。

(右二为魏进)

学生的学历和专业技能的提升对学生未来更好地发展起着至关重要的作用。如今考研作为"两个尖子"中的一项,已经作为学校发展战略被立项并写入学校"13452"校园文化体系中,这说明学校高度重视此项工作。

说到考研、考博,我要谈几点经验:

一、人生目标的确立是个人及专业发展的前提

刚进入大学时,我满眼都是新奇,新奇过后,我的内心同样出现过迷茫,但在我院举办的一场考研经验交流会引起了我对人生计划的思考。要想拥有专业发展的更高平台,只有通过考研才能在就业中具备更大优势,以便更好地服务社会。根据对自己的定位,确立了考取我喜爱的航天方向的硕士研究生的明确目标。

二、良好心态的确立是事业成功的有力保证

(一)要学会坚持,捍卫自己的选择

考研的目标确立后,面临的困难是多方面的,最难的莫过于持之以恒。考研过程是枯燥无味的,难免会出现懈怠的情况。这时候就需要跟老师好好地沟通一下,聊聊天。通过老师的鼓励来排解自己的郁闷,增强自己的信心。在考研过程中,保持一个良好的心态,这是很重要的。

(二)要重视细节,踏踏实实地做好每一件事

在生活上要注重细节,同时在学习上也是需要注重细节的。考研学习是一个举一反三的过程,不在乎多,在于精。只要你把一件事情弄得很明白了,其他同类型的事情自然就会了。过多地强调数量,只会导致没有质量,到时候什么东西都不精通。事实证明,很多备考同学往往不注重这些,从而导致自己的成绩不太理想。

(三)要厚积薄发,合理安排时间

学习需要按照自己的学习计划进行,注重基础知识的积累。在注重质量的前提下,讲究速度。在复习的过程中一定要注意的是合理安排学习时间,这样学习才能有很好的效率。

今天,在此分享自己的考研、考博经验,就是告诉大家,作为一名新时期的大学生要树立远大的目标,不为自己学习基础不好而妄自菲薄,不为遇到困难而自暴自弃,要坚定地朝着自己的目标奋然前行。

同学们,中国嫦娥三号探月器已经踏足美丽的月球,中国人几千年来的奔月梦终于在伟大祖国发展建设的新时期得以实现。相信在不久的将来,月宫将不再清冷。

我愿意继续勾画中华民族这个美丽的太空梦,我会在深空探测领域不断求索,积极发扬中国航天精神,争取在浩瀚的太空中取得更大成就,为母校争光,为中国人民谋福利。

同学们,让我们坚定信念,树立远大理想,谨记母校和顾校长的精神、教诲,培养自身百折不挠,坚毅果敢的品质,把今天的学习和今后的工作紧密结合在一起,练就本领,

为实现华德的名校梦,为实现中华民族伟大复兴的中国梦而努力奋斗!

母校,梦开始的地方

——记机电与汽车工程学院 2011 届毕业生庄大勇

母校的老师们,学弟、学妹们,大家好!

我是机电与汽车工程学院焊接技术与工程专业 2011 届毕业生庄大勇,现在哈尔滨工程大学材料加工与工程专业攻读博士学位。

母校,对于现在的我来说,是一个总能在梦里出现的词。因为母校里有我的青春年少,有我的梦想以及为了梦想而努力的身影,更有老师的教诲和与同学朝夕相处的点点滴滴。

这次回到母校,我感慨良多。昔日的建筑容颜未改,新建的建筑让我心生豪迈——母校强大了,这是让我心生豪迈的最好理由。

同学们,大家都知道华德经历了 8 次变迁,6 易校址。能在今天这样宽敞明亮的教室里读书,是一代代华德人付出辛勤汗水的结果,而将一代代华德人紧紧地连在一起的纽带就是老师。你的历史、你的足迹、你的发展都会融入母校,这里终究有一天也会成为你最美好的回忆。

在座的各位是幸运的,因为现在的华德,无论师资、教学设施都是历史上最好的时期。可能你们也只有到了我这个年龄,才知道大学的时光是多么难忘,大学的同学多么让人怀念。母校,让我感触最深的地方有两个,一个是寝室,一个是阶梯教室。毫不夸张地说,每天公寓外第一串脚印一定是我留下的,我要早早地赶去"立志成才班"的自习室去上自习。其实我最喜欢那些阶梯教室,因为在那里有我大学最苦,也是最美的时光。每天第一个取钥匙打开教室门的一定是我,抢了一个最中间、最靠前的座位坐好,以至于后来同学们对我说:"你就是来晚了,大家也把那座位给你留着。"因为在大家的心里那就是我的专属座。

有时候会感觉那时好傻,一边帮老师处理班级事务、解决同学矛盾,一边还要不停地学习。没想过打扮,没想过找女朋友。脑子里除了工作,就是考研。有很多同学总担心工作会影响考研,或把没考上研究生的理由归咎于工作,其实我并不认同。

考研是需要付出时间的,假期不能回家,在外面报考研班,吃得不好,住得又差。但是,只要有毅力,这些都不算什么。大四那年,我的学习场所几乎都在哈工大的自习室。开始的时候,我总担心大爷会拦住我,然后查学生证不让我进。因为那个时候学校叫"哈尔滨工业大学华德应用技术学院",害怕他看到哈尔滨工业大学后面的几个字。其实,现在想想,那都是虚荣心在作祟。后来,我干脆告诉门卫大爷,我是华德人,结果和他成了朋友,现在去哈工大,见到他都会聊一会儿。

不过那时候也明白了一个问题,还是自己的母校好,在母校,我进哪一个教室学习都不用担心有人查我的学生证。就是查我,我也可以理直气壮地说,我是华德人!你向往再好的学校,可是人家学校不承认你,所以,爱母校,就成了我唯一的选择,我要努力,取得荣誉后为母校争光。

我想你们也会有荣归母校的那一天,那也是在座各位的父母和老师期盼的一天。然而那一天,需要你们加倍地努力,需要的绝不仅仅是一腔的热血、一时的心血来潮,要的是持之以恒的毅力。作为大学生的你们,一定要知道自己的主要任务就是学习,不是捧着手机玩微信、陌陌,更不是寝室几个哥们斗地主、穿越火线。可能有一些同学会认为学习的是另类,得的荣誉多了,大家说什么的都有,但实际上并不是这样,成功是靠自己努力得来的,要多获得知识,多多武装自己。

时光飞逝,4年一晃就过去,给你们掌握知识的时间真的很短,4年后可能有些就要独当一面,要成家立业,这4年的努力不是为别人而是为自己。农村老家有一句俗话:你糊弄地一时,地糊弄你一年。引申出一句:你在大学玩4年,你自己被玩一辈子。

最开心和宝贵的大学4年,同学们来自五湖四海,说着让你听不清楚的方言,有着不一样的生活习惯,又有不一样的口味、不一样的价值观,但来到这里,我们就有了共同的目的,那就是掌握知识。4年就是马拉松,是积累,是不知不觉地流逝。4年让我熟悉了这种生活方式,大四毕业,我背着行李一个一个把他们送走时,我理解了离别的痛苦。走出校园,生活的环境已经变了,而我还在哈尔滨,时常怀念他们,怀念大学。

4年也是拉开差距的4年,不努力就要被甩开,以后就不好意思见大家,可能大家现在这个时候还不好理解这些事,我举例说一说。我有一个同学,长得很帅,让我这个男生自叹不如。上学就会处对象,还不差钱,有什么三不去,什么心情不好不去上课,什么刮风下雨不去,还有一个不去,我真的想不起来了,但我真的不能理解他。我在你们这个年龄的时候就是上课,从来不逃课,还多上课,那时就为考研,我数学课不知道听了多少遍。我也希望大家珍惜大学生活,在玩和学上有好的权衡,我也绝不喜欢读死书、死读书,但咱们读得太少了。读书能让人明知,读书让人视野开阔。前几天,新东方创始人俞敏洪在东方学院演讲时也说,希望同学们在大学读完300本书,同学们想想,你们读了多少。

大家才大一、大二,即使大三都不晚。下雪天大家都在酣然入睡的时候,你已经蓄势待发,在一楼大厅等待楼长开门了,这就是一种境界。打开门看到外面白茫茫的大雪,心情舒畅了好多,想到早上第一个脚印是自己踩出来的,自己打败了华德一个公寓的人,那种成就感让自己对什么都看开了,剩下的就是加油,加油,再加油。不是有一句话吗?生活太安逸,就会为生活所累。

我感觉大家没有不聪明的,相反很聪明。只是没有需要冲击的理想,不知道要干什么。没有压力,就没有动力。没有把精力放在自己追求的梦想上,感觉难了就会放弃。告诉大家真实的情况就是好学校的学生看到考研题也是一点都不会,跟大家一样。

所以大家不要认为学校不好,老师没教到,其实不然。如果大家要问我大学学到了什么,我中肯地告诉大家,那就是自学能力。既然来到这里,就把这里作为你起飞的平台,既来之,则安之,华德不一定是你理想的大学,但只要你学到大学知识的80%,就比好学校那些学20%的学生强。一时的得失算什么,再好的学校也就顶4年。以后的人生路还长着呢,要有海纳百川的精神,要承认自己就是小小的我。人生是要靠自己的,是要坚持的。

我为了考研这个理想大年初二就来到学校上自习,说到这里还要感谢学校给我开绿灯。当时学校里一个人没有,那种心情只有当事人能够体会,很是寂寞。正月十五的时候,我给家里打电话,妈妈哭了,感觉孩子太遭罪了。其实这点苦,跟我妈妈比,根本不算什么。小的时候妈妈为了供我读书,3点就起床干活,给老牛铡草。20多头老牛,要铡到太阳高照。冬天凌晨3点是最冷的时候,你们知道为什么3点起吗?就是为了省电,因为那个时候用电的少,电压高。为了省钱供我念书,多累她也不雇人。我当时还太小,虽然不能帮到什么,但我知道,我可以陪妈妈一起冻着。因为我只是放假这3天冻着,可我的妈妈要一年冻365天。外面再苦再累,我都挺着,报喜不报忧,就是怕爸爸、妈妈担心。我想,很多同学的家长也是如此吧,但大家有没有想过感恩,进而发奋学习呢?

不管怎样是华德这样的环境造就了我,让我成长。记得翟淑霞老师教育我,遇事敢于担责任;记得付洪涛老师教育我做人要低调,不要为得到而沾沾自喜,也不要为失去而苦恼;记得和范雪阳老师相处,让我感受到了师生的哥们情谊;记得和杨德云老师学到了为人师表;等等。学生就是要不断学习,只有学习才可以改变命运,学习才能让你为母校争光。

现在国家政策这么好,上学还给钱,如果大家有想法可以试一试,就是没想法的我也建议大家试一试,毕竟学习不会有错。我现在上学(在读博士),啥都不干国家还一个月给4千多,比找工作挣得都多。再说毕业还能找一个好一点儿的工作,一年开三十几个月的工资都不成问题,再说待遇、奖金、安家费都很多。

除了物质,更重要的是你会接触一些高层次的人。有很多同学可能想毕业后创业,我也赞成你们走这条路,但是当今社会没学历作为支撑很难创业成功。互动百科创始人潘海东在北京科技大学2014年开学典礼上说:"上阵父子兵,创业同学帮。"细数一下现在商界的大佬,没有良好的教育背景的不多,比如大家熟知的阿里、腾讯、网易等的创始人。所以,接触高层次的人就积累了你的人脉。

下面是我学习的一些心得,分享给学弟、学妹。

第一,明确学习目标

希望大家试一试,毕竟这是一条捷径。大家能来这里家里情况就不差。要给自己订立一个目标,比如想考哪所学校,分几个阶段学习,每天完成多少学习任务等。

第二,提高学习效率

学习不要一味地读死书,首先要理清知识的脉络,其次要深刻分析知识间的联系和内涵,然后有序地开始学习。当学习状态不好时,一定要及时调整。

第三,建立时间观念

要做到没有周六、周天,不是重要场合少出去。坚持学习,勤能补拙。早上6点必须起来准备好,等待楼门开,下楼吃饭。一定要把考研教室,或是图书馆当家,晚上最晚一个回寝室。回来路上,品味忙碌一天的成功的喜悦。

第四,收集考研信息

考研靠的就是信息战,信息掌握不全,学也是白学。就像专业课,各学校不一样,可操作性大,最好报个考研班早了解。

第五,要持之以恒

要坐得住板凳,要有破釜沉舟的精神,持之以恒,坚持不懈。不为外界所干扰,顶住压力。现在努力不晚,坚持就能成功。

除此之外,最主要的还是自己要主动,有这方面的向往和要求。要清楚学习能给自己带来什么,以后要朝那个方向发展。

最后祝各位同学学业有成,祝老师工作顺利,祝华德早日实现名校梦!

勇于挑战,给自己留下无悔的青春回忆

——记电子与通信工程学院2003届毕业生王杨国

(本文写于2015年)

时光荏苒,转眼之间,离开母校已经是第12个年头了!我于2003年从电子与通信技术专业毕业,毕业后携笔从戎选择了到部队工作。入伍12年来,我从一名基层排长成长为一名副团长。回想自己的成长经历,有一点我感触最深,那就是作为大学生,我们怀揣着毕业时的梦想无论走到何种岗位,不仅要敢于有梦,还要勇于追梦,更要勤于圆梦,真正用梦想点燃青春,指引航向,激发动力,成就事业。

刚到部队时,我同许多地方大学生一样,希望能在军营大有作为。尽管我也做了充

分的思想准备，但现实中紧张的工作、艰苦的训练和单调的生活，仍然给我泼了一盆冷水。记得2003年9月，刚穿上军装不久的我，来到中国人民解放军重庆通信学院参加地方大学生干部培训。学院领导并没有因为我们是地方大学生而放松对我们的要求，队干部更是提出要好好给我们"补补课"。那时，每天等待我们的都是烈日下的队列、高标准的内务和高强度的体能训练，不要想什么独立办公室了，连手机都不让用。艰苦的训练冲淡了当初的新鲜，单调的生活湮没了曾经的向往。训练成了每天的状态，疲惫成了每天的常态，我的心情和身体一起跌入了低谷。那时我才真切地感到，现实的军营生活远不如想象中的那样光彩照人和美好浪漫，与刚结束的大学生活相比更是天壤之别。最刺激我的是与大学同学的反差，当他们在空调房里喝咖啡、玩电脑时，我却在烈日下踢正步、搞体能。我不由得问自己：这是我所渴望的人生吗？当他们陪着女朋友花前月下时，我却在战友的鼾声中孤枕难眠。我不由得问自己：这是我所向往的生活吗？当他们拿着令人羡慕的高薪时，我却只有1000多元的工资。我不由得问自己：这是我价值的体现吗？去部队之前就有人告诫我，理想和现实是有差距的。为了弥补差距，在离校前2个月我就做了很多准备：为提高身体素质，每天早起练习跑步和单双杠；为适应艰苦环境，每顿强迫自己吃两个不爱吃的馒头，尝试没有手机和网络的生活；我甚至故意把自己晒黑、故意大嗓门说话。面对诸多反差，我的心情很复杂，甚至对从军的选择产生了动摇。细心的领导发现我情绪低落，就主动找我谈心，给我讲述一代代官兵的奋斗历程，讲述当代青年的责任担当，讲述革命军人肩负的神圣使命，并语重心长地说："对军人来说，生活就是挑战接着挑战，日子就是困难叠着困难，如果连第一关都闯不过，就不能成为合格的军人，更不能成为合格的带兵人！"这时，女朋友也给我打来电话："既然选择了蓝天，就不能让风雨折断理想的翅膀；既然选择了军营，就不能让困难和挑战动摇自己的信念。否则，面对的不只是择业的失败，更是人生的失败。"

领导的教育和亲人的劝说，使我再次坚定了扎根军营的决心。当时我所在的学员队，学员基本上都是重点大学的毕业生，学校都不错，成绩都很好。但是这一切都属于过去了，穿上军装，我们就是一群大龄新兵，军事上都是白纸一张。那个时候文凭也就是一张纸，不是能带我们飞翔的翅膀。如果还躺在文凭上，止步于白纸前，那面对理想与现实、军队与地方、自己与同学的种种反差，就会陷入困惑迷茫，甚至无法自拔，而成为耻辱的"逃兵"。我想，这可能也是多数地方大学生入伍所面临的第一拨挑战。面对挑战，我选择了坚持。入学后不久，通过刻苦努力被推荐担任模拟连副指导员。2004年从中国人民解放军重庆通信学院毕业时，我以学员队总评第一的优异成绩被评为"优秀学员"。

从中国人民解放军重庆通信学院毕业后,我被分配到基层部队。刚到部队时,作为一名排长,每天都要带队进行体能训练,而我自己的体能又不是特别好,队伍都跑到前面去了,而自己却落在后面,战士们开始看不起我。说实话,我那时的心理压力也非常大,本想到部队一展身手,让大家看一看我们大学生突出的能力素质,没想到,一开场,却在体能训练中摔了跟头,让大家看了笑话。从那以后,我每天都给自己的训练加量。早晨,大家都还没有起床,我就到操场上开始训练。晚上熄灯后,我又给自己制订了3个"一百"的训练量,每天都要练一百个俯卧撑、一百个仰卧起坐、一百个深蹲。通过一个多月的坚持,我终于可以跟上全连的训练进度了,大家对我也刮目相看。体能只是军人的基本素质,专业好才是我们的看家本领。刚开始每次进行专业考核,我心里都会产生阵阵恐慌,怕考不合格丢分,怕比不过战士丢脸。但我知道,坐着害怕是练不好本领的,关键是要刻苦训练。我想,连队很多战士,学历也不高,可只要用心,两三年下来,都能成为专业技术能手,难道我们地方大学生就不行?说到底还是不愿俯下身子、放下架子、丢下面子,不愿与战士同学习、同训练。于是,我主动拜专业好的战士为师,每次训练都与战士抢着练习。记不清有多少次在装备车里挥汗如雨,记不清加过多少班次。功夫不负有心人,有心功夫终上身。2005年在全营组织班台站考核时一举夺冠,得到首长肯定。2006年被提拔为连队政治指导员,同年在集团军组织的比武考核中取得通信专业个人第四名的好成绩。从排长升任指导员,有些干部是不服气的,有些老士官比我年龄还大,管理很有难度。打铁还需自身硬,每一个任务来临的时候我都冲在前面,时刻严格要求自己,喊破嗓子不如做出样子,要求战士做到的自己首先要做到。白天与官兵同训练、同劳动、同学习,晚上加班到深夜学习政治理论,研究管理方法。经过一年努力,2007年在全师组织的"学习贯彻十七大精神"授课比武中被抽选到,取得第一名好成绩,同年被记个人三等功。由于工作需要2009年被任命为副营职通信站站长,2012年担任通信营营长,2014年调整为团副参谋长,同年负责新兵训练工作,由于工作表现突出被记个人三等功。2015年被任命为副团长。成长的路上我深深感悟到:只要去跋涉,脚总比路长;只要肯攀登,人总比山高。部队里大多是简单、枯燥的训练生活,两眼一睁忙到熄灯是日常工作的真实写照,这些和预想中火热的军营相差甚远。而且部队是一个特殊的集体,牺牲、奉献是每一个军人应尽的义务。这一点说起来很容易,但要真正和自己的生活联系到一起却是很难的。想一想,大年三十晚上,正是万家团圆的时候,我们却站在岗哨上,周围一片漆黑,刺骨的寒风吹着。想想远方的同学,也许现在正和家人在一起看着春晚;想想自己的父母和恋人,父母年龄已大正需要自己照顾,恋人独自一人正需要自己呵护,而我们却孤独地站在孤零零的岗哨上,心里的确很难受。但想一想，自己今天所经历的，却不是每一个同龄人都能拥有的，和同龄人比起来，也许他们比我活得更轻松，但部队的生活锤炼了我的意志，纯洁了我的思想，是我一生的骄傲。我想作为一名当代青年，作为一名大学生，我们只有接受过各种艰苦环境的锻炼，才能成长为一个对国家、对社会有用的栋梁之材。其实，每天的生活在奋斗者的眼里，都是伟大而光荣的挑战。在阳光明媚的日子里，我们会面对懒惰、贪婪、安逸和欲望的挑战；在风雨交加的日子里，我们会面对挫折、疲惫、痛苦和失落的挑战。这个时候，逃是懦弱，避是消极，退是无能，只有坚持住、迎上去、战胜它们，才是正确的选择。我感到，对我们的大学生来说，梦想并不遥远，它体现在一言一行上、熔铸在一岗一位里、落实在一职一务中。我们只要从自己做起、从点滴做起、从现在做起，勇于吃苦、不怕挫折、踏实前行，就一定会给自己、给人生留下一份充实、温暖、持久、无悔的青春回忆。

阳光下唱响青春之歌

——记艺术与传媒学院2012届毕业生王阳

王阳，2008年9月考入哈尔滨工业大学华德应用技术学院，系学院首届广播电视编导本科班学生。在校期间先后担任团支部书记、《华德报》编辑、班长等职务。2010年5月加入中国共产党。在校期间先后获得"三好学生"、"优秀团干部"未来领袖奖、"优秀学生干部"、"国家奖学金"、"黑龙江省级优秀毕业生"等荣誉称号和奖励。

大学毕业前夕，他的同学或选择薪资高、待遇好的单位就业，或选择考研、留学深造，王阳却痴迷于自己的"村干部"理想，不远千里来到徐州，最终以优异的成绩通过了江苏省委组织部的选拔，圆了自己的"村干部"梦，担任江苏省睢宁县魏集镇陶河村党支部副书记。从2012年6月担任睢宁县魏集镇陶河村党支部副书记以来，王阳就抱定扎根农村、服务三农的决心，在广袤的苏北大地上，将青春融入乡间田野，一步一个脚印地追逐理想。追梦的日子并非一帆风顺，王阳却说："追梦的日子挺辛苦，但能用自己的实际行动换来乡亲们的笑容，我很知足，也很快乐。"

从白净的"小胖子"到村民喜爱的"黑小伙"

在物质生活条件相对落后的苏北农村，初来乍到、人生地不熟的王阳曾有过一段迷惘和困惑的时期。在县委组织部和镇领导的关怀下，他很快调整好心态。经过短暂的身心调整后，他顺利完成了从大学生到基层村干部的转型。

2012年7月的一天，骄阳似火。陶河村村民代表会议现场，一位白白胖胖、笑容可掬的"小胖子"站到了会议桌前。他用一口标准的普通话做自我介绍时,村民们议论纷纷:"这个小伙子到俺们村来干什么?""是来镀金的吧?""还是咱村副书记呢,他太年轻了,到底行不行?"从村民的议论中,王阳听到了怀疑和不信任,但他没有畏缩,暗暗下定决心,一定要做出点成绩给大家看看,改变乡亲们对村党组织和自己的看法。

为了尽快进入角色,在其他村两委班子成员的带领下,王阳每天步行10余公里看村貌、访村情。经过大半个月的努力,王阳走访了陶河村的每家每户,他白净的皮肤很快被晒得黝黑。白天,他进村入户走访调研,晚上回到村部就打开电脑整理所思所想,建立《陶河村村情档案》、《陶河村困难群众档案》、《陶河村群众"金点子"档案》。这些饱含汗水的调研资料,为他调整工作思路,推动村集体发展,服务全村群众奠定了坚实的基础。功夫不负有心人,陶河村980余户村民们记住了"小胖子"脸上憨厚的笑容,更记住了他务实求实、平易近人的工作作风。渐渐地,村民们转变了对村级党组织和村干部的看法,纷纷敞开心扉,同王阳和其他村干部谈起了村集体发展思路。王阳用实际行动和拳拳为民之心,使得村级党组织和村民心间的连心桥更加牢固。

依托远程教育　播撒和谐新风

开展农村党员干部远程教育工作,是中央加强基层党建工作的一项重要举措,也是推进社会主义新农村建设的一项重大决策。几年前,在上级的支持下,陶河村已经配备了远程教育设备。但由于村两委成员平均年龄偏大、缺乏电脑知识等因素的制约,陶河村的远程教育平台并没有发挥应有的作用。

2012年10月,王阳已到村任职3个月。在县委组织部组织的全县大学生村干部远程教育站点管理员培训活动上,作为陶河村管理员的王阳,想到村里的站点几近瘫痪，第一次感到了沉重的压力。"怎么办，是等靠要，还是另辟蹊径？"王阳在思考。

一个偶然的机会，王阳听说省委驻睢帮扶工作队将援助魏集镇一批电脑。他当即向镇党委打了一份申请，并向镇领导汇报了自己想利用远程教育平台拓宽群众视野、服务村级发展的打算。他的思路得到了镇领导的大力支持，不久，5台崭新的电脑和附属设备安装到了陶河村村部。

望着崭新的电脑，王阳心里打起了算盘："要是能配上一台投影仪，远程教育的效果会更好。"但巧妇难为无米之炊，购买投影仪的钱从哪里来？一筹莫展的当口，王阳灵机一动。1个小时以后，王阳来到了陶河村的"双百双千"工程帮扶单位——睢宁县卫生局。面对热心又执着于村集体发展的年轻村干部，县卫生局给予了大力支持。第二天中午，2套崭新的投影仪便如约送达陶河村村部。在镇组织委员的帮助下，魏集镇中心小学也将一批课桌、板凳送到陶河村，全村开展远程教育的硬件条件已经齐备。

就在万事俱备的时候，新问题又出现了。由于大部分村民文化素质不高，思想相对保守，对外界信息了解甚少，绝大多数对现代远程教育不屑一顾。王阳欲依托远程教育平台开展创业富民培训的计划再次搁浅，他清楚地记得第一次组织党员群众收看远程教育节目时，没有一位村民前来观看。但他没有灰心，主动到各村民小组和村民家中宣讲远程教育的诸多利好。村里几位热心的老党员抱着试试看的想法前来观看，并成功带动了大多数村民自觉接受远程教育。

如今，每周一、周三、周五晚上，村民们都会定期到村部观看远程教育节目，并通过电脑设备查找致富信息和科学种养技术。为了进一步丰富村民们的业余文化生活，除了组织村民们定期开展"舞动乡村"活动外，王阳还创建了"周末影院"，利用空闲时间为村民们播放主旋律电视节目、高清电影。他还依托远程教育平台，通过QQ群等方式，义务为留守老人和他们在外务工的子女提供视频通话服务。

王阳的苦心孤诣没有白费，远程教育平台不仅把文明新风吹向了村里的每个角落，也把科学的种子播撒到了群众心里。

未婚小伙成了留守儿童们喜爱的"爸爸"

随着经济的发展，近年来陶河村青壮年农民外出务工的比例逐年增加，村里的留守儿童由于缺乏必要的关爱和帮助，经常是学业之余无所事事，有的儿童甚至沉迷于网络游戏难以自拔。得知这一情况，王阳看在眼里，急在心里，他萌生了成立"陶河村留守儿童之家"的想法。

2013年8月，江苏省委组织部、省关心下一代工作委员会（以下简称"关工委"）联合下发了《关于组织大学生村干部参与校外教育辅导站工作的意见》，要求进一步加强校外辅导站建设,切实发挥大学生村干部在校外教育工作中的积极作用,并积极为大学生村干部参与校外教育辅导站建设创造条件。10月,睢宁县关工委召开了全县关心下一代工作会议,会上主要领导强调大学生村干部思想观念新,知识面广,又善于学习,亲和力强,在关心下一代工作方面可以与老同志优势互补。

这一政策的出台与王阳创设儿童之家的想法不谋而合。在县镇两级关工委的帮助下,王阳把远程教育平台与校外辅导站建设有机结合起来,跑了多家部门、企业"化缘",多方筹集到6台二手电脑,自费购买了硬件改装老旧设备。在他的努力下,魏集镇第一家"未成年人绿色网络冲浪基地"呱呱坠地,陶河村的留守儿童可以利用假期到村部学习电脑知识,上网查阅资料,和远在他乡的父母视频聊天,诉说相思之情。与此同时,在镇领导和其他村干部同事的帮助下,王阳还把村里的留守孩子进行了分类,采取"集中活动+单独辅导"的方式因势利导,因材施教,重点围绕学业辅导、亲情陪同、自护教育等内容,定期对留守儿童开展帮扶教育。每次集中活动中,除了辅导功课之外,王阳还借助镇文化站提供的象棋、跳棋、军旗、羽毛球、排球等文娱设施开展小型比赛,帮助留守儿童们增强体质及智力。

如今的陶河村,不少留守儿童都称王阳为"爸爸"。听到这一高尚而又光荣的称呼,尚未结婚的王阳心里乐开了花。

村干部生活　获益良多

在每一本民情日记的扉页上,王阳都写着这样的一段话:"到群众家、说家乡话、办贴心事,方能拉近党群距离;听群众疾苦、系群众安危、解群众困难,方能是群众知心人;拜群众为师、为群众服务、请群众批评,方能是称职村干部。"

从2012年成为大学生村干部至今的600多个日日夜夜里,王阳吃住在村里,收支盈余、所感所悟都在他的民情日记本里:组织党员活动28次,利用远教平台开展技术培训30余次;协助村两委处理矛盾纠纷200余次、独自处理46次;主持村组会议28次……从村党支部换届,到村委会选举;从农村公路建设,到征地拆迁村民安置;从宣讲计生政策,到劝说计划生育对象自愿节育;从参与三夏秸秆禁烧,到逐户推广秸秆还田技术;从组织村民投保合作医疗,到独自调解邻里矛盾,陶河村的每一次改观、每一项喜人的发展中,都饱含着王阳矢志不渝地付出。这位年轻的大学生村干部,也在扎根农村、服务三农的工作实践中,更加坚定了自己切实践行好党的群众路线,助推全村大发展的信念。

将近3年的农村基层工作生涯锻炼了他吃苦耐劳、踏实肯干的工作作风。他在岗位上取得了较好成绩,工作以来先后获得全县基层党员干部冬训先进个人、徐州市优秀共青团员、全县大学生村干部演讲比赛第一名、江苏省优秀共青团员、徐州市群众满意好村干部等荣誉称号和成绩。2014年11月22日受邀参加CCTV-7《乡约》栏目,担任嘉宾。2014年年底,神华集团有限责任公司定向招录服务基层的大学生村干部,王阳通过层层选拔,目前即将入职神华神东煤炭集团。

【注:本文原刊载于《徐州党建》2014年04期以及江苏先锋网"时代风范 青春之歌"专栏上。原题:《矢志不渝、扎根农村的睢宁县大学生村干部》,作者:白晓剑 曹臣】

青春在奋斗中闪光,梦想在拼搏中实现

——记建筑与土木工程学院2006届毕业生孙甲子

孙甲子是建筑与土木工程学院房地产经营与物业管理专业2006届毕业生。在校期间担任院学生会宣传部部长。现任黑龙江亿林网络股份有限公司的董事长,历任黑龙江省通信协会、互联网协会、物联网协会常务理事,黑龙江省互联网网络安全应急专家组成员。2012年当选为哈尔滨市平房区工商业联合会执委和哈南工业新城青年联合会委员,同年被哈尔滨市互联网协会授予"2012年度先进个人"称号,2013年被推荐为平房区政协委员,2014年被总工会授予"哈尔滨市劳动模范"称号。

2008年,孙甲子参与成立了黑龙江亿林网络股份有限公司,担任董事长一职。创业之初,备尝诸多艰辛,最初的时候只有一间办公室和5个员工,孙甲子既负责行政又负责财务工作,每天都要工作到很晚却没有太多的客户。经过6年的努力奋斗,2014年公司的生产及办公面积已经达到4300平方米,员工100余人,平均年龄仅27岁。配备了4星级数据中心1个、3星级数据中心1个、专业云计算研发实验室2个,成为黑龙江省内最大的中立接入服务商,数据中心接入数量位于全省第一,网站接入数量占全市三分之一以上。公司一直致力于自主创新,开发具有自主知识产权和应用价值的关键技术和核心技术。在国家和省市重点工程及科研项目上,先后参与承担国家科技支撑计划、火炬计划、黑龙江省工程技术研究中心建设以及省级重点攻关计划等项目,取得了国家高新技术企业证书,于2012年荣获"公众满意质量诚信双优单位"及"黑龙江省软件与信息服务业2001~2011年优秀软件企业"称号,同时荣任哈尔滨市服务外包协会副会长单位。

孙甲子给公司确定的使命是成为中国信息化咨询、管理、服务领域贡献度、专业度、

美誉度和影响力第一位的上市集团公司,帮助中国中小企业做大、做强,活得更长久。孙甲子所做的任何事都是围绕这个目标,为这一目标不懈奋斗,并坚信这一目标可以实现。从为不同类型的企业提供强大的技术支持和专业化的信息服务,到改善中国互联网行业的服务质量,提高中国企业信息化建设水平,公司始终坚持客户第一的原则,致力于服务每一位客户,为社会创造价值。在不同领域得到了认可和好评,先后与腾讯、京东、酷6视频及戴尔等公司进行深度合作,共同促进着中国互联网事业的发展。基于这个使命,公司的高层领导带领团队不断研发新技术,推出新产品和服务。成果多次通过内参的形式上交给省市乃至国家领导人,受到了相关部门的赞扬及肯定。这些成绩的取得极大地提高了公司的核心竞争力和吸纳就业的能力。

为了促进公司的可持续发展,孙甲子对公司进行企业内部改革,提高企业管理水平,优化公司组织结构,维护公司信息安全,取得了信息安全管理体系认证,并于2013年9月27日带领公司顺利完成天津股权交易所挂牌上市,成为黑龙江省同行业数据中心中唯一在天津股权交易所挂牌上市的公司。

2013年3月,孙甲子光荣地加入了中国民主同盟。中国民主同盟是中国共产党领导的爱国统一战线的重要组成部分,是与中国共产党通力合作的参政党,在中国历史的发展进程中发挥了重要作用,盟内人才荟萃,建议水平高,社会影响力强,能成为民盟的一员,让孙甲子感到十分自豪和骄傲。从加入中国民主同盟的那一刻起,孙甲子就深知自己的责任和义务,也要像前辈们那样为家乡的发展努力做出自己的贡献。作为基层代表,孙甲子一直坚持传达民众的声音,积极参政议政,2013年,孙甲子深入社会、深入实际进行调查研究,针对环境保护和公共卫生等方面撰写的《加强平房区动漫基地环境保护工作的几点建议》《关于平房区动漫基地公共区域卫生清理的调研报告》等多篇调研文章受到了相关领导的重视，并被有关部门采纳。社会服务工作是民主党派组织和成员的智力资源的集合在社会中最直接的体现，也是民主党派参政议政的基础和载体、渠道和延伸。2014年1月，在哈尔滨市平房区动漫基地党团负责人的带领下，孙甲子带领员工走访了社区贫困家庭，2014年2月，孙甲子又走进了哈尔滨市儿童福利院，带去了礼品和关爱，通过这些行动进一步增强了企业的社会责任感，让员工体会服务社会、服务他人的快乐，以实际行动奉献社会、回报社会。同时也加强了社区与企业之间的沟通，密切了社群联系，让更多的人感受到来自亿林的关怀与温暖。

习总书记在2012年提出实现中华民族的伟大复兴就是中华民族近代以来最伟大的梦想。中国梦和中国特色社会主义共同理想一样，有社会的大梦，也有个人的小梦，社会梦想是全体中国人民都认可和追求的共同梦想，而孙甲子的个人梦想很简单，但很实际，就是带领公司走得更远。它的实现离不开社会梦想的实现，因为有国才有家，国是前进的动力，家是幸福的洋溢，只有国和家相连，才能创造中国的奇迹。为了实现个人梦想，孙甲子认真学习领会全国"两会"精神，高举爱国主义和社会主义旗帜，坚持团结和民主两大主题，切实履行政治协商、民主监督、参政议政职能。因此，孙甲子立足本职，爱岗敬业，一直严格要求自己，在平时的工作和日常生活中注意自己的言行，努力塑造良好的形象。坚持严谨、细致、求实的作风，保持端正的工作态度，以高度的责任感、使命感和工作热情开展工作，得到了领导和同志们以及社会的认可。孙甲子十分珍惜这些来之不易的荣誉，它们是对孙甲子工作能力和态度的一种肯定，也是她个人发展道路上的指引。

"长风破浪会有时，直挂云帆济沧海。"

在以后的工作生活中，孙甲子会带领她的团队用心做好本职工作，认真履职尽责、服务发展大局，继续进行深入调查研究，不负重托，不辱使命，一步一个坚实的脚印，一步一个崭新的台阶，让青春在奋斗中闪光，让梦想在拼搏中实现，为家乡、为社会、为国家做出更大贡献！

【注：本文原载于2014年7月28日中国民主同盟哈尔滨市委员会网站：http://www.hrbmm.gov.cn，内容为对孙甲子进行的人物专访】

第八篇　警示篇

我院以"创建高等应用型教育名校,培养高级应用型优秀人才"为目标,坚持科学发展观,注重学风建设,积极创建和谐校园。绝大多数华德人以"金的人格、铁的纪律"为自己的行为准则,严格要求自己,为自己的将来努力拼搏。然而,在我院中还存在一些让人痛心疾首的丑恶现象。个别同学缺乏正确的价值观、道德观,经受不住不良社会风气的影响,抵制不住物质诱惑,慢慢走上了偷窃之路。有的同学是非观错位,缺乏正确的荣辱观,诚信值经受不住考验,作业抄袭、考试作弊现象严重,个别同学还为他人作弊提供方便。另有个别学生素质低下,缺乏自我控制力,偶尔打架斗殴,其行径严重败坏学校和大学生的形象。还有些同学对待恋爱问题,缺乏正确的恋爱观。虽说大学谈恋爱不是什么明文禁止的事情,但是很多同学的恋爱行为已经影响到其他同学。更有同学不能很好地处理恋爱问题,给自己和别人都带来了沉痛的代价。学校是一片净土,是高素质人才聚集的地方,社会文明从这里开始传播。不要让我们的行为玷污了大学文化,不要让我们的冲动和不理智给别人和自己带来痛苦。以下是几则我院学生违法乱纪行为的案例,希望同学引以为戒。

案例一 06级计算机系某班的×××,在大一学年的高等数学补考中,替本班的×××同学参加考试,被学院给予留校察看处分后,该同学屡教不改,在其后的大学物理考试中,又进行抄袭,学院按《学生手册》规定,将其开除学籍。

学习是学生的天职,是学生的首要任务。然而我院有些学生放松学习,贪图安逸,缺乏积极进取的向上精神,降低对学习的要求,声称"分不在高,及格就行,学不在深,作弊则灵",逃课、迟到、早退现象时有发生,上课不专心,平时不勤奋刻苦,临考时匆忙复习。在这种学习态度下,个别学生铤而走险,在考试中作弊。考试作弊的不利影响是众人皆知的,它不但影响学校对学生学习效果的考查,影响对学生评价的公平性,影响学校人才培养的质量,影响一所学校良好教学风气的形成,更影响社会的诚信建设。对作弊者我们鄙视,而对于那些容忍、帮助他人作弊的学生,我们也应该向他们投去蔑视的目光。

案例二 2007年10月12日,我院汽车系06级某班学生×××纠集本班6名同学(他本人及其中2人持刀)和校外数人,到哈尔滨师范大学对其女友的前男友实施暴力行为,致使对方重伤。3名持刀者被依法刑事拘留,并承担相应法律责任。

谈恋爱是很多大学生生活中的重要组成部分,也成了他们迈入成熟人生的重要阶段。爱的力量是巨大的,可以催人奋发向上,互相激励,成就自我;也可以令人痛苦不堪,萎靡不振,甚至摧毁人的一生。大学生在恋爱中体验着爱的魅力,也经受着爱的考验。因此我们必须树立正确的恋爱观。遗憾的是,有的同学被爱情冲昏了头脑,使爱情丧失了原有的高尚和神圣。他们不能摆正学业与爱情的关系:主观上想做到学业第一,但客观上爱情至上;口头上赞成学习是学生的天职,爱情应当服从学业,但行为上为了爱情加班加点,致使上课无精打采;理想中希望学业和爱情双丰收,既渴求学业有成,又向往爱情幸福,但现实中很多恋爱中的学生整天沉浸在卿卿我我的甜言蜜语中,更有甚者为了"爱情"而逃课,导致学习成绩一落千丈。爱情原本是神圣和纯洁的,可有些正在恋爱的学生,不分场合、不分地点搂搂抱抱,其行为不但玷污了爱情的神圣和纯洁,也影响到别人。大学生中"有情人"虽多,但"终成眷属"者甚少,一旦我们成为失恋大军中的一员,我们能够承受失恋的痛苦吗?我们想过怎么去理智地面对吗?绝大多数同学通过找朋友诉说,或理性思考,对自己和对方采取宽容的态度,尊重对方的选择。但仍有部分同学摆脱不了"情感危机",有的失去信心,放弃对爱情的追求,立下誓言"横眉冷对秋波,俯首甘为光棍";有的一蹶不振,沉沦自弃,认为一切都失去了意义,以至于悲观厌世,甚至放弃了生命;有的视对方如仇人,肆意诽谤,甚至做出极端行为伤害对方。作为一名大学生我们应该理性地看待恋爱问题,规范恋爱行为。

案例三 2006年4月15日晚6点左右,我校学生用磁卡将6公寓5楼的2个寝室打开,并将寝室内的桌子撬开,拿走MP3、文曲星和现金约200元。同天晚上7点左右,又到6公寓4楼将2个寝室撬开,用同样的方法拿走手机2部、存折1张和身份证1张,另外还有1枚戒指。学校按《学生手册》规定,将该名学生开除学籍。

盗窃者事后回忆作案经过说道:进入寝室,当时心里非常害怕担心,知道这种行为是很可耻、很下流的。对于一个当代大学生来说是不应该做的,甚至想都不能,但是那时的我已经被那种坏想法包围,心里只有一时的欲望,当时一点理智都没有了。一次又一次地进入他人的寝室,窃取他们的物品。盗窃时根本就没有想到后果有多严重,我的行为会给学校、同学带来多大的伤害。现在想想其实我也不缺这些,我要什么,家里就会给什么。为什么我会到别人寝室去窃取他人的财物呢?不知什么原因,当时想的就是让别人着急,让别人上火。我的心里已经被当时的那种欲望占有,没有一点理智,一点都不清醒。而真正认识到这究竟犯下了多大错的时候,才是我真正清醒的时候。4月27日,我又一次进入6公寓的2楼,拿走寝室中的1部MP3、车票等物品。先后一共进入7个寝室,用同样的方法去窃取他人的财物。在第一次盗窃后,我将2部手机和1部MP3卖给了二手市场,身份证和银行卡,还有存折则直接扔掉,戒指则卖给了回收金银的铺子,文曲星因为是坏的,所以卖给了收电子元件的一个地方。后来又进行了3次盗窃,每次盗窃后,我将盗来的物品藏到了音响里面。在4月28日的上午,又将1部MP3扔在厕所里,被水冲走。后来事情被发现,剩下的所有物品被上交。我这7次盗窃分别是利用晚自习和下午没课的时间作的案,方法就是用磁卡将寝室门的锁划开,然后进入寝室作案。作完案后,我把能用的放在一起,而其他的则会全部扔掉,在扔别人东西的时候,我的眼前就会出现别人寻找东西而着急的表情,而根本就没有想到他人有多么痛苦,也没有想到后果有多么严重,会给别人的生活和学习带来多大的伤害。他人的财物严重受到了威胁,自身的利益同样受到了伤害。而当时的我只想到了自己,而忽略了别人,我的想法太可耻了。

学校是培养人才的摇篮,是传播文明的场所,可随着市场经济体制的建立,一些负面现象传入学校。受社会上盲目追求物质利益的不良之风影响,校内学生纯洁上进的思想受到动摇,攀比之风开始蔓延,价值观发生错位,在我们众多的天之骄子之中出现了个别的"梁上君子"。他们由于受到来自社会各个层面的物质诱惑,盲目消费、攀比消费、赶潮消费,具有极强的虚荣心,为了购买某一新款手机、一双名牌运动鞋、一套高档化妆品或者一件名牌衣服,情愿缩衣节食,甚至牺牲自己的其他必要开支。为了得到这些外在的物质,他们不惜向别人借钱或向家人变相要钱。一旦这种虚荣心膨胀到一定程度,又得不到必要的满足时,个别学生开始将手伸向身边的同学,走上了盗窃之路。作为一名大学生,我们应该懂得用物质装饰的外表不能证明我们的富有,因为我们的花销大部分都来自我们的父母,我们拥有的物质越多,说明我们对父母的剥削越严重,富有的外表只能告诉别人你是多么爱慕虚荣,你是多么华而不实。我们应该树立正确的人生观和价值观,将盗窃行为扼杀于萌芽之中。

案例四 1.×××是我院应用电子与通信技术系09级学生。该生于2010年6月6日晚参加社团活动后,于19:10分左右和汽车系3名学生(江苏老乡)一起到学院路学苑美食饭店包间喝酒,喝到后来开始用酒瓶里的啤酒互相喷洒,导致包间墙上溅上了酒水。21:50分左右喝完酒下楼结账时,饭店工作人员看到包间情形后,要求赔偿200元,学生与饭店工作人员因赔偿金额发生争执,学生报警后,警察赶到并确认现场情形,带学生从包间下楼时,×××说了句脏话,饭店工作人员上来打了×××,×××倒地后,饭店工作人员还想继续打他,同去的江苏老乡便和饭店工作人员发生肢体冲突,警察上来劝架时也被江苏老乡打倒,倒地的×××此时抱住江苏老乡,劝其不要打架。之后4名同学被带到学院路派出所,后由学院保卫处老师担保出来带回学院。学校按《学生手册》规定,将4名学生开除学籍。

2.2010年6月5日晚23时10分左右,我院建筑系大一学生×××等8名学生在农垦学院附近喝完酒后往学院方向走,×××和另一名学生吹起口哨,引起了路对面3男2女(我院计算机系的学生)的不满,他们以为在骚扰他们的女朋友,对面的×××来到8名建筑系学生面前,将走在前面的×××打倒,并骑在其身上继续打。被打倒的×××的同学立刻赶到,双方厮打在一起。在混乱中×××进入八荒通神酒店,另外几名同学开始与对方交谈,在交谈中发现双方都是我院学生,其中一方有和谈之意,然而此时跑进八荒通神酒店的×××拿出一把菜刀,在人群中边叫骂边挥舞菜刀,×××颈部、手臂分别被砍一刀,颈部一刀伤及大动脉,另一名学生×××手臂被砍伤,伤及手筋。2名学生被立即送至呼兰中医院,其中×××因伤势严重被转到医大一院进行抢救。持刀者被依法刑事拘留,并承担相应法律责任。

在我们周围打架斗殴事件时有发生,个别同学在发泄自己情感的同时,严重地损害了我院学生的形象。打架斗殴不是真正的哥们儿义气,也不是对忍气吞声的反驳,而是对大学生高素质的严重践踏。这种野蛮粗鲁的行为,使大学生应有的理性、文明被彻底毁灭了。其实任何一场打架斗殴,都不是由于双方有什么深仇大恨,而仅仅是一时的冲动。但是当心情平和下来,"快意"消失后,我们接下来要做的却是赔钱、赔礼、接受惩罚。那一刻我们得到"快意"了,可我们的父母却在因为我们的不理智而四处求人,我们的家人在为我们的冲动买单。不要让我们一时的"快意"给别人、给我们自己、给学校、给家长带来伤害。

结语：大学生是勇开风气之先的社会群体，努力追赶时代潮流，不仅是未来社会发展的主力军，也会成为日常生活实践的先行者。我们应自觉树立高尚的生活目标，立志做一个有文化、有修养、品行端正、身心健康的当代大学生。我们应时刻牢记学习是大学生活永恒的主旋律，要珍惜宝贵的光阴，努力学习科学知识和技能本领；全面发展自己，不断充实自己，养成科学、健康的学习生活习惯；正确认识当今社会中出现的一些不健康、不文明的现象；始终坚定生活信念和美好理想，自觉抵制消极生活方式的腐蚀。